TRAITÉ

DES

CHASSES AUX PIÉGES.

Les contrefacteurs seront poursuivis selon toute
la rigueur de la loi.

PARIS. — IMPRIMERIE DE RIGNOUX,
rue des Francs-Bourgeois-S.-Michel, n° 8.

LIÈVRE PRIS AU COLLET.

TRAITÉ

DES

CHASSES AUX PIÉGES.

CONTENANT

LA MANIÈRE DE PRENDRE LES LIÈVRES, LES LAPINS ET LES OISEAUX DE TOUTE ESPÈCE, ET DE FABRIQUER LES PIÉGES ET USTENSILES.

PAR KRESZ AÎNÉ.

———

DEUXIÈME ÉDITION,

Ornée de 59 planches gravées.

TOME SECOND.

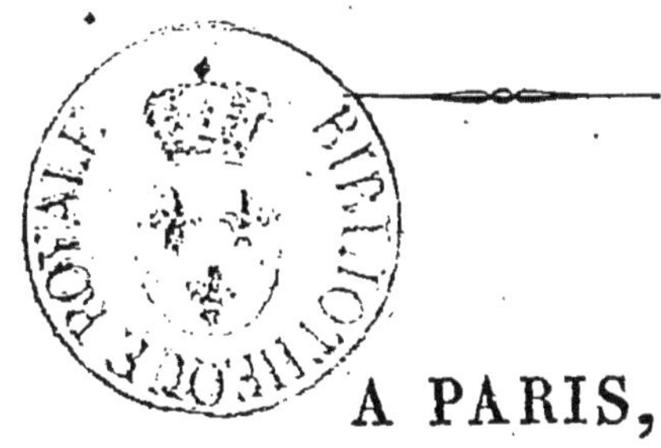

A PARIS,

Chez l'AUTEUR, fabricant d'ustensiles de chasse et de pêche, quai de la Mégisserie, n° 34;

Et chez AUDOT, libraire-éditeur, rue des Maçons-Sorbonne, n° 11.

1829.

Faisan commun et sa femelle.

TRAITÉ

DES

CHASSES AUX PIÉGES.

CHAPITRE II.

DE LA MANIÈRE DE PRENDRE AVEC LES PIÉGES LES OISEAUX QUE L'ON TROUVE EN PLAINE.

Dans le *Traité général des Chasses* on s'est occupé de la chasse au fusil des oiseaux de proie et de ceux connus sous le nom de *gibier-plume*. Il ne nous reste ici rien à dire des premiers dont la destruction par les piéges a été traitée dans l'ouvrage ci-dessus; mais nous avons à nous occuper des moyens de prendre avec les piéges toutes les autres espèces d'oiseaux. La connaissance de ces moyens importe souvent aux grands propriétaires lorsqu'ils veulent prendre du gibier dans un endroit pour le transporter dans un autre; elle leur est nécessaire aussi sous le rapport du braconnage dont elle leur apprend à se garantir. Nous allons donc indiquer toutes les chasses connues.

Des faisans.

L'espèce que l'on élève le plus communément dans les parcs pour la chasse est le *faisan commun, phasianus colchicus*, représenté pl. XXXV. On voit aussi dans quelques parcs le *faisan argenté ou bicolor, phasianus nictemerus*, pl. XXXVI, et le *faisan doré ou tricolor, phasianus pictus* pl. XXXVII, mais ces deux espèces s'y trouvent plutôt comme ornement que sous le rapport de la chasse.

On trouve les faisans dans les petits taillis un peu fourrés des pays de plaine, surtout lorsqu'ils sont environnés de prairies et de terres cultivées. Ils se tiennent à terre pendant le jour, et se comportent comme les autres oiseaux pulvérateurs; mais, aussitôt que le soleil est couché, ils se retirent dans les bois, où ils se perchent sur les arbres les plus élevés. Au reste, leur histoire naturelle a été donnée dans le *Traité général des chasses*.

Manière de prendre les faisans avec les piéges. — Lorsque, dans un bois, on a reconnu les traces de ces oiseaux, on barre le sentier, où on les a remarquées, avec un hallier très-court, qui s'approprie plus aisément à la disposition du terrain. *Voyez* la composition de ce filet, tome Ier, page 25. Mais comme, quand un de ces oiseaux est pris, il se débat et crie de manière à faire fuir les autres, il faut, si l'on soupçonne qu'il y en ait plusieurs, se tenir caché aux environs du piége pour s'emparer du prisonnier aussitôt qu'il s'y sera embarrassé. On tend encore, en pareille circonstance, des pochettes semblables à celles dans lesquelles on prend des perdrix rouges. *Voyez*, tome Ier, page 47, la description des *Pochettes*, et l'article *Perdrix*. On barre avec ces pochettes les sentiers que suivent les faisans pour se rendre des bois aux champs, ou pour en revenir. Ils ont coutume d'y aller trois fois par jour pour chercher leur nourriture; savoir : le matin au soleil levant, à onze heures ou midi, et le soir, environ deux heures avant le coucher du soleil.

On en prend encore assez facilement avec une tirasse et un chien d'arrêt, qui évente ce gibier de très-loin. Comme cette chasse se fait de la même manière que pour les perdrix, et que nous la détaillons suffisamment à l'article de ces oiseaux, nous y renvoyons le lecteur.

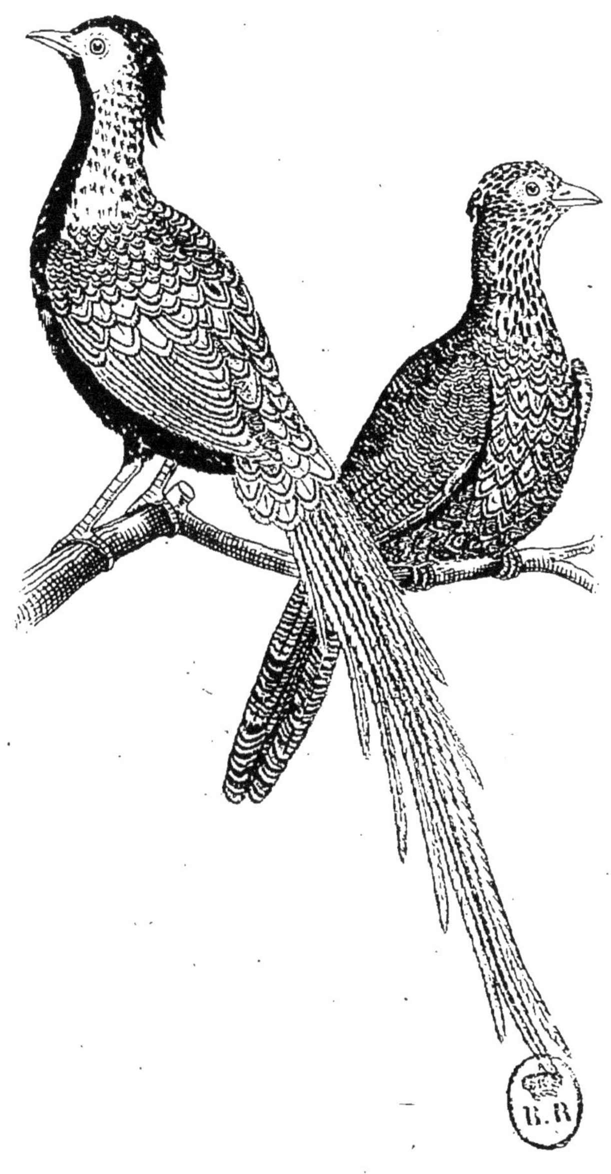

Faisan argenté et sa femelle.

Faisan doré et sa femelle.

Pour s'assurer que les voies que l'on remarque dans les sentiers sont bien celles des faisans, on y jette çà et là quelques grains d'orge, d'avoine ou de blé ; et, lorsque l'on a reconnu que le grain a été mangé, on tend alors de distance en distance des collets en crins de cheval, à vingt-quatre brins. On en place toujours un à piquet et un à plat, et on a soin de garnir les alentours avec de petites branches, pour ne laisser de passée que l'endroit où l'on place les collets. On sème quelques grains auprès, de façon que les faisans, en trouvant là en plus grande quantité, s'appellent les uns les autres, et se prennent ou par le cou ou par les pattes. *Voyez* l'article *Collets*, tome Ier, page 52. Quand on connaît l'abreuvoir que fréquente ce gibier, on peut encore tendre utilement des collets dans les passées qu'il suit pour s'y rendre.

Pour s'assurer, quand on a vu les voies d'un faisan, que c'est son habitude de passer en cet endroit, on foule le terrain avec les pieds pour l'unir, et on revient y voir quelque temps après ; si l'on remarque de nouvelles voies, on peut y tendre des halliers ou des collets, avec la presque certitude de réussir.

Les braconniers emploient, pour prendre cet oiseau, un moyen qu'il est presque impossible d'empêcher, et que, dans la révolution, les paysans mettaient en usage pour détruire ce gibier. Il consiste, lorsqu'ils ont remarqué l'arbre où se perche un faisan pour passer la nuit, ce qui est très-facile, puisqu'il se décèle lui-même par son cri, à brûler une mèche soufrée, qu'ils attachent au bout d'un long bâton, afin de l'élever, et de faire arriver plus vite au faisan la vapeur qui s'en exhale. Elle l'étourdit tellement qu'il chancelle bientôt sur sa branche et tombe enfin au pied de l'arbre. Cette ruse est d'autant plus pernicieuse, qu'elle ne nécessite aucun bruit ni lumière ; car la mèche, en se consumant, ne répand aucune clarté.

Pour prendre les faisans qu'on veut transporter d'un endroit dans un autre, on peut employer utilement les pochettes et les halliers ; la tirasse et le chien couchant sont encore utiles, surtout lorsque ces oiseaux sont rares. La mue est un excellent moyen à employer, particulièrement dans les faisanderies, lorsque l'on veut prendre ces oiseaux pour en peupler les parquets. La manière d'en faire usage étant la même que pour les perdrix, on trouvera à cet article tous les renseignemens nécessaires.

Des Perdrix.

On trouve en France trois espèces de perdrix, la *grise*, la *rouge* et la *bartavelle*.

La *perdrix grise*, *perdix cinerea*, fig. 1, pl. XXXVIII, est la plus commune. On la trouve toujours en compagnie, excepté dans le temps de la pariade, dans les pays à blé ou les plaines.

La *perdrix rouge*, *perdix rufa*, fig. 2, même planche, se plaît dans les pays montagneux, et quelquefois on la trouve en plaine, mais sur la lisière des bois.

La *bartavelle*, *perdix græca*, beaucoup plus rare que les deux autres, se tient sur les montagnes, d'où elle ne descend dans les plaines qu'à la fin de l'automne, pour chercher un abri contre l'hiver, sous les buissons et les bois.

L'histoire naturelle de ces trois espèces se trouve dans le *Traité général des Chasses*.

L'excellence de ce gibier a engagé les chasseurs à lui tendre un grand nombre de piéges que nous allons faire connaître successivement.

Manière de prendre les perdrix aux piéges. — *Avec*

1. *Perdrix grise.* — 2. *Perdrix rouge.*

le hallier et la chanterelle. — Nous avons donné la description du hallier, page 25, tome Ier.

On nomme chanterelle une perdrix femelle dont le chant appelle les mâles. La cage destinée à la recevoir sur le lieu de la chasse doit être disposée de manière à effrayer les perdrix le moins possible. Le fond est une petite planche mince, ayant la forme d'un demi-ovale, de la longueur d'un pied, sur une largeur de huit pouces. La hauteur des côtés, également en planches, est de neuf pouces. A la face plate de la cage est pratiquée une petite porte, par laquelle on fait entrer la chanterelle ; sur un des côtés est un auget, saillant extérieurement, et destiné à recevoir de l'eau et de la graine. Le dessus est formé d'une toile tendue, clouée sur l'épaisseur des planches des côtés. Au milieu de cette toile se trouve un trou par lequel la chanterelle passe la tête pour appeler les coqs. Cette cage est montée sur trois piquets, qui la débordent inférieurement d'environ six pouces, et qui servent à la fixer en terre. On a de ces cages de couleur verte et brune, pour s'en servir suivant le terrain sur lequel on chasse.

Il faut habituer la chanterelle à cette cage, en l'y mettant de temps en temps, afin qu'arrivée sur le terrain, elle ne soit pas étonnée de s'y trouver, et ne refuse pas de chanter.

Quand on a une chanterelle tout-à-fait privée, on se sert de l'appareil suivant, qui la laisse entièrement visible, ce qui est un avantage. On attache, au dos de la chanterelle, un anneau de rideau, au moyen d'un ruban de soie étroit dont on passe deux brins sous les ailes, et deux par-dessus les côtés du col, et on les lie ensemble sous le ventre. A cet anneau est attachée une ficelle de deux pieds de longueur, qui a, à son extrémité, un autre anneau dans lequel on passe une corde d'une longueur de trois toises environ, soutenue, à un pied de terre, par deux piquets plantés à chaque extrémité. De cette manière, la chanterelle peut se promener le long de la corde ; seulement, pour l'empêcher de tourner les piquets, on place, à deux pieds de chaque extrémité de la corde, une boucle qui arrête l'anneau qui ne peut aller plus loin. Cette manière de disposer la chanterelle est préférable, parce que les mâles l'aperçoivent mieux, au point qu'ils viendraient la cocher si on les laissait faire.

L'époque la plus favorable pour cette chasse est depuis la mi-février jusqu'à la fin d'avril ; on la prolonge cependant jusqu'au mois d'août. Elle a lieu depuis le crépuscule du matin jusqu'au lever du soleil, et, le soir, depuis le soleil couché jusqu'au crépuscule de la nuit.

Cette chasse, qui n'atteint que les mâles, n'est par conséquent point destructive. Quand on connaît un canton fréquenté par les perdrix, on s'y rend de très-grand matin, chargé de ses halliers, et emportant sa chanterelle dans une calotte de chapeau surmontée d'un filet en forme de sac. Arrivé sur le terrain, on cherche un chaume ou un blé, et en général une place découverte. On préfère un emplacement voisin d'un bois, d'une vigne ou d'une haie qui offrent des abris pour s'y cacher. Pour ne pas perdre son temps, on écoute attentivement si l'on entend le chant de quelques coqs. Si cela a lieu, on s'approche autant que possible de l'endroit où on l'a entendu ; et, ayant placé la chanterelle dans la cage que l'on pique en terre, on plante les halliers à l'entour, de manière à ne laisser aucun vide, car les mâles, en accourant à l'appel de la femelle, pourraient profiter du moindre intervalle et rendre par ce moyen la tendue inutile. Les halliers doivent être éloignés de la cage d'au moins trois toises, et peuvent être tendus en rond ou en carré. *Voyez* la fig. 2, pl. XXXIX. A est la cage où est la chanterelle ; B B sont les halliers.

Fig. 1.re

Fig. 2.

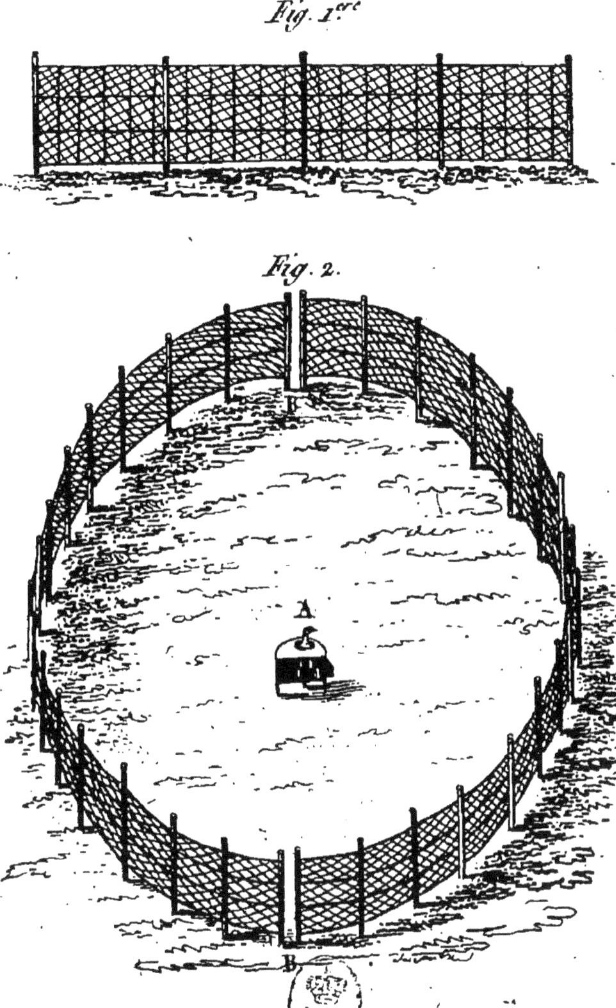

Halliers tendus pour Perdrix.

Quand même la chanterelle ne serait point en cage, mais attachée à une corde, il faut toujours la placer au milieu des halliers. Elle ne tarde pas à appeler, et les mâles accourent aussitôt. Quelquefois plusieurs mâles arrivent à la fois, et se disputent à qui passera le premier ; le plus empressé se prend dans le hallier ; mais il ne faut pas sortir de sa retraite pour aller s'en emparer, parce que les autres s'envoleraient. Il faut attendre patiemment, et cette attente est ordinairement récompensée.

Quelques propriétaires, dont les maisons sont isolées et qui ont des haies pour clôtures de leurs jardins ; peuvent, sans se donner aucune peine, prendre un très-grand nombre de coqs. Il leur suffit de garnir leurs haies de halliers, et d'entretenir chez eux quelques chanterelles qu'ils peuvent même laisser dans des cages accrochées au-dehors de leur maison. En visitant pendant la saison des amours leurs halliers le matin et le soir, il est rare qu'ils n'y trouvent pas quelques coqs dont la capture ne leur a causé aucune fatigue.

Avec le hallier et l'appeau. — On pratique également la chasse des perdrix aux halliers, sans employer de chanterelle que l'on remplace par l'appeau, décrit page 112, tome Ier, au moyen duquel on contrefait l'appel de la poule de perdrix. On tend les halliers aux mêmes heures et pendant la même saison ; mais, au lieu de les disposer en rond ou en carré, comme on le fait pour circonvenir la chanterelle, on les tend déployés, *voyez* fig. 1, pl. XXXIX, de manière à ce qu'ils occupent un plus grand espace et barrent le passage vers l'abri derrière lequel on se tapit ; ou bien on se couche à plat ventre dans les luzernes à douze ou quinze pas du hallier. De là, avec l'appeau, on appelle les coqs que l'on entend, mais doucement ; et, s'il en vient un, on répond par un seul coup d'appeau à chacun de ses chants. Empressé de joindre la femelle qu'il croit entendre, il se précipite bientôt dans le hallier où il reste pris.

Comme il arrive quelquefois que le mâle, au lieu de donner dans le hallier, passe à côté, il est avantageux, si l'emplacement où l'on se trouve le permet, de tendre un hallier de chaque côté de l'abri que l'on s'est choisi, afin que, si le coq l'a dépassé sans s'y prendre, on puisse repasser de l'autre côté et recommencer à l'appeler pour essayer de le prendre à l'autre hallier en le faisant revenir sur lui-même.

Avec les halliers et un chien couchant. — Ayant un chien bien dressé à la quête, on se rend dans un champ où l'on sait devoir trouver des perdrix. Aussitôt que le chien en a fait lever une compagnie, on le rappelle et on l'attache s'il n'est pas assez obéissant. Ensuite on fait un grand tour, et on va tendre les halliers à deux ou trois cents pas de l'autre côté de l'endroit où se sont posées les perdrix (ce que l'on a eu bien soin de remarquer.) On dispose les halliers à peu près en demi-cercle et occupant la plus grande étendue possible. Ensuite, étant revenu de l'autre côté, on marche en silence et lentement vers la remise, en poussant les perdrix sur le hallier. Il faut éviter de les chasser trop brusquement, parce qu'elles s'envoleraient, et la chasse serait finie; on doit, au contraire, s'avancer en serpentant, de manière qu'elles se retirent en marchant et vont donner dans les halliers. Pour chasser ainsi ce qui a lieu après la moisson, il faut être plusieurs personnes.

A la bourrée avec les halliers. — On fait encore, au moment de la moisson, une chasse aux perdrix que l'on nomme la *bourrée*, parce que effectivement on bourre le gibier dans les filets. Cette chasse consiste à barrer en travers, avec des halliers, les sillons d'un champ à moitié récolté. Quand le filet est tendu, on se transporte à l'autre extrémité du champ, et l'on se dirige vers lui en marchant à pas lents et jetant à gauche et à droite des poignées de terre pour faire fuir les perdrix. On réussit mieux à cette chasse lorsque l'on est plusieurs à battre le terrain. D'ailleurs, si quelquefois on ne prend rien, il ne faut qu'un seul succès pour récompenser de toutes les fatigues inutiles. Cette chasse est assez destructive, en ce qu'on prend pêle-mêle les coqs et les poules. Mais un propriétaire peut obvier à cet inconvénient, en rendant la liberté à chaque femelle; ce qui lui procure, l'année suivante, autant de compagnies de perdrix. Tout ce que nous venons de dire s'applique particulièrement aux perdrix grises.

Manière de prendre les perdrix rouges avec le hallier et l'appeau. — Les perdrix rouges, préférant les terrains unis à une terre raboteuse, poursuivent ordinairement les femelles dans les sentiers qui coupent les champs et les bois. C'est aussi dans ces sentiers qu'il faut tendre les halliers, quand on veut les prendre avec l'appeau. Aussitôt que, caché dans les herbes qui avoisinent les petits chemins dans lesquels on a tendu les halliers, on imite le cri de la perdrix rouge, on voit accourir le coq qui, arrivé jusqu'au hallier, s'arrête pour le considérer. Il faut alors l'appeler de nouveau, et bientôt il n'hésite plus à se jeter dedans.

Manière de prendre les perdrix rouges aux pochettes. —Nous avons indiqué à l'article *Filets* ce que c'était qu'une pochette. On s'en sert pour prendre les perdrix rouges dans les sentiers et clairières. Pour tendre ce piége, on a une verge de bois souple, dont on plante les deux extrémités aux bords du sentier, de manière à ce qu'elle forme l'arc. auprès de chacune de ces extrémités, on plante un piquet qui tient à une ficelle fixée à l'œillet opposé de la pochette. Un des bords traîne à terre, et l'autre est relevé sur l'arc, où il n'est que posé pour pouvoir retomber aisément. De cette manière, le sentier est exactement fermé, et rien ne peut y passer sans toucher au filet. Si celui-ci était moins large que le sentier, il faudrait planter de chaque côté quelques petits rameaux qui fassent garniture et forcent l'oiseau à donner dans le piége. Cette disposition est représentée fig. 3, pl. XI, page 48, tome Ier.

Couché dans les herbes derrière cette tendue, du côté opposé à celui où il a entendu chanter le mâle, le chasseur l'appelle doucement par deux ou trois sons qu'il tire de l'appeau; le coq accourt aussitôt le long du chemin; arrivé près de la pochette, il la considère et chante encore; on lui répond par un petit coup d'appeau seul, qui le décide. Il donne dans la pochette, dont le bord relevé sur l'arc retombe et l'enferme. *Voyez* la fig. 2, pl. XI, page 48, tome Ier. On le prend et l'on continue. Cette chasse, qui ne convient qu'aux perdrix rouges, a lieu le matin et le soir, depuis avril jusqu'en juillet, avant le lever et après le coucher du soleil. On n'y prend que les mâles non appariés.

Manière de prendre les perdrix avec le traîneau. — Cette chasse, qui est prohibée, ne peut être faite que par les propriétaires sur leurs terres; mais les braconniers la pratiquent aussi, et nous devons la faire connaître, pour apprendre à s'en garantir.

Elle peut avoir lieu toute l'année; cependant elle fournit plus de gibier à la fin de la moisson que dans aucun autre temps. Elle ne se fait que la nuit, encore faut-il qu'elle soit obscure.

Il faut d'abord s'assurer le soir du lieu où les perdrix se réunissent. Pour reconnaître le terrain la nuit, on peut y planter une branche d'arbre dont la position indiquera la direction qu'il faudra prendre. Aussitôt que la nuit est sombre, on se rend directement à l'endroit où l'on a planté le rameau. Là, on étend le filet à terre, dans un endroit propre, pour que rien ne s'attache aux mailles, et on le garnit des bâtons qui servent à le porter, et des bouchons de paille ou des petites branches, qui doivent pendre à un des grands côtés, pour traîner et faire lever le gibier. Après cela, les deux hommes prennent chacun une des perches, et élèvent le filet en le tirant à soi, de manière à le faire tendre. Alors, soutenant le devant à six ou sept pieds de terre, les deux chasseurs laissent tomber le derrière à environ deux pieds. Dans cette position, ils marchent à pas lents vers la remise. Les bouchons de paille qui traînent derrière le filet forcent les perdrix à se lever, surtout les rouges qui sont paresseuses. Au moindre bruit que fait entendre le gibier, les deux chasseurs, en ouvrant les mains, lâchent le filet, qui, tombant à terre, couvre les perdrix et quelquefois la compagnie entière.

Il arrive cependant qu'ayant parcouru le champ dans sa longueur, on n'ait rien entendu ; alors un des deux hommes, pivotant sur lui-même, attend que son compagnon, ayant achevé sa conversion, soit arrivé à sa hauteur ; ensuite ils reviennent, en marchant de la même manière ; et, couvrant une nouvelle étendue de terrain ; ils battent ainsi toute une pièce de terre jusqu'à ce qu'ils aient réussi.

Si les perdrix s'envolaient avant d'avoir été couvertes par le traîneau, il faudrait attendre une heure ou deux, pour donner le temps au gibier de se rendormir. Ensuite, guidé par le bruit que les perdrix ont fait entendre en volant, on marche dans la direction qu'elles ont prise, et il est rare qu'on ne les atteigne pas bientôt, ces oiseaux ne volant pas loin pendant la nuit.

Cette chasse est un objet de spéculation pour les braconniers qui la pratiquent souvent. Ils ont des traîneaux faits de deux pièces, qu'ils portent dans leur chapeau, et qu'ils réunissent pour s'en servir, au moyen d'un troisième bâton.

Voici les signaux qu'ils emploient pour s'entendre :
Un coup de sifflet *signifie* baisser.
Deux *idem.* étendre.
Trois *idem.* lever.
Quatre *idem.* qu'il y a un obstacle qui arrête le filet.
Cinq *idem.* qu'on entend quelqu'un.

Les braconniers employaient autrefois à cette chasse des lanternes en fer-blanc, qui, portées devant eux, ne les gênaient nullement. La clarté qu'elles répandaient faisait croire aux perdrix que c'était le jour ; elles agitaient bientôt leurs ailes et se décelaient elles-mêmes. Mais comme ces lumières indiquaient leur marche, et pouvaient servir de point de mire aux coups de fusil, ils y ont renoncé, et ce moyen n'est plus guère usité.

Les propriétaires qui craignent les braconniers, pour les compagnies de perdrix qui se remisent sur leurs terres, peuvent s'en garantir en jetant çà et là des épines qui, se prenant dans le filet, le déchirent ; et, comme la réparation leur coûte souvent plus cher que ne leur a valu la chasse, ils y renoncent bientôt.

Quand un braconnier craint d'être vendu par son compagnon, il fait cette chasse seul, en se servant du traîneau portatif, qu'il porte devant lui. Il marche à pas lents, en suivant les sillons d'un champ, et posant à droite et à gauche le bord supérieur du filet sans l'abandonner, à moins qu'il n'entende les perdrix dessous ; dans ce cas, il le laisse tomber. Si, après avoir parcouru la longueur du champ, il n'a pas rencontré de gibier, il continue à battre le reste de la pièce de terre, en s'écartant du lieu par où il a déjà passé, de deux fois la longueur de son filet, afin d'aller toujours en le posant à droite et à gauche. *Voyez* à l'article *Filets*, tome Ier, la description de ce traîneau.

Manière de prendre les perdrix avec la tirasse. — *Voyez*, à l'article *Filets*, la composition de la tirasse.

Pour cette chasse, on a un chien couchant bien dressé et bien sage; les braques sont ceux qui conviennent le mieux. On se rend avec un compagnon sur le terrain que l'on sait être fréquenté par les perdrix; on prend le vent, et on met son chien en quête. Aussitôt qu'on le voit former un arrêt, on le tourne, et, en face de lui, on déploie la tirasse. Chaque chasseur prend un bout de la corde qui sert à la traîner, et s'avance en silence jusqu'à ce que le chien soit couvert. Si, dans cet instant, le gibier ne se montre pas, on jette dans la tirasse quelques mottes de terre pour le décider à s'envoler. Aussitôt que les perdrix prennent leur vol, elles rencontrent la tirasse qui les retient, et on se hâte de les saisir pour ne pas leur laisser le temps de filer sous la nappe. Cela fait, on replie la tirasse, on remet le chien en quête, et on continue de la même manière.

On conçoit qu'il est essentiel d'avoir un chien bien dressé; car, s'il était susceptible de s'emporter à la poursuite du gibier, il romprait infailliblement le filet, et serait la cause de la fuite des perdrix.

Cette chasse n'a lieu qu'à la fin d'août et au commencement de septembre; car, après que les perdreaux sont maillés, ils sont trop difficiles à approcher pour que l'on ait beaucoup de chances de succès. Les prairies, les chaumes et les luzernes sont les endroits que l'on choisit de préférence. La pl. XL représente cette espèce de chasse.

Manière de prendre les perdrix à la raie. — Cette chasse, que l'on ne fait que quelques instans, à l'époque

où finit la moisson, est celle que les bergers pratiquent particulièrement.

Ils étendent, à l'extrémité d'un champ qu'ils ont remarqué être la remise des perdrix, un filet semblable au précédent. Ils chargent le derrière de ce filet de quelques mottes de terre, et ils soutiennent le devant élevé à un pied de terre, à l'aide de trois piquets, longs de dix-huit pouces à deux pieds, qu'ils plantent un au milieu, et les deux autres aux deux extrémités de la nappe. Ils lient à ces piquets la corde qui borde la tirasse. Ils ont soin de couvrir particulièrement le grand sillon du milieu du champ, parce qu'ils savent que les perdrix le fréquentent ordinairement, et c'est de là que cette chasse a pris le nom de *chasse à la raie*. Tout cela ainsi disposé, ils dirigent lentement leurs moutons du côté de cette tendue; les perdrix se retirent peu à peu et vont donner dans le filet, où ils s'empressent de les prendre.

On peut, sans moutons, pratiquer cette chasse, en s'entourant de paille, ou marchant derrière une claie qui en est couverte. On chasse ainsi lentement les perdrix vers le filet où quelquefois toute la compagnie se trouve prise. Ce moyen nous a réussi plusieurs fois. Ce serait l'occasion d'employer la vache artificielle.

Voici un autre moyen dont nous ne garantissons cependant pas l'efficacité. Après avoir tendu le filet, comme nous venons de l'indiquer, on se couvre de ramées; et, portant devant soi une espèce de bouclier formé de quelques baguettes souples, au milieu duquel on a attaché un morceau de drap rouge, on marche à pas lents vers les perdrix en leur présentant le bouclier. Ces oiseaux, étonnés de ce qu'ils voient, reculent en regardant toujours fixement, et vont donner dans le filet. On nomme cette chasse *le leure*, nous ne savons pas trop pourquoi.

Manière de prendre les perdrix avec la tonnelle. — Nous avons décrit ce filet tome Ier, page 48. On s'en sert dans les blés verts, les terres en friche, et généralement dans tous les terrains peu couverts et qui permettent d'apercevoir les perdrix. Pour faire usage de la tonnelle, il faut être rendu dans les champs à la première lueur du jour. Il serait bien, pour s'éviter la peine de chercher, d'aller, la veille au soir, faire ses remarques en prêtant l'oreille au cri de rappel de ces oiseaux. Par ce moyen, le lendemain matin, on marche droit vers la remise où l'on est sûr de les trouver, à moins d'un cas extraordinaire.

Dès qu'on les aperçoit, on s'arrête, on se couvre de la vache artificielle dont la description a été donnée dans le Traité général des chasses, et on s'approche avec précaution des perdrix pour tâcher de reconnaître de quel côté elles se disposent à se porter. Suivant ses conjectures, on va tendre la tonnelle loin des perdrix et dans la direction qu'on suppose qu'elles suivront. On la tend comme l'indique la pl. XII, tome Ier, page 49, en ayant soin de la garnir de deux halliers que l'on dispose en entonnoir.

Cela fait, on reprend la vache artificielle, et l'on approche peu à peu en serpentant, et en arrivant par le côté opposé à celui où est tendu le filet. Si l'on remarque que les perdrix s'effarouchent, ce que l'on reconnaît lorsqu'elles s'arrêtent en levant la tête, on s'arrête soi-même, on s'éloigne même un peu pour leur donner le temps de se rassurer, et l'on n'avance de nouveau que lorsqu'elles ne témoignent plus d'inquiétude. Peu à peu on les conduit ainsi vers la tonnelle, en ayant soin, lorsqu'on en voit une qui s'écarte, de la tourner pour la ramener vers la compagnie.

Insensiblement les perdrix s'engagent dans l'entonnoir

formé par les halliers en avant de la tonnelle, et qui les y conduit. Arrivées auprès de ce filet, elles hésitent à y entrer; c'est alors qu'il faut avancer plus directement, pour ne pas leur donner le temps de reconnaître le piége; les plus craintives se hâtent d'y entrer et entraînent les autres. On se débarrasse aussitôt de la vache et l'on s'empresse de fermer l'entrée de la tonnelle qui retient la bande prisonnière.

On réussit mieux à cette espèce de chasse lorsque l'on y va deux et que l'on s'entend bien; on peut encore la pratiquer pendant le jour, si l'on a un chien bien dressé pour quêter les perdrix. C'est principalement à l'ouverture des chasses que la tonnelle offre le plus de chances, parce que c'est la saison des perdreaux qui n'ont pas encore été beaucoup chassés, et qui donnent aisément dans les piéges.

Manière de prendre les perdrix avec un appât. — Lorsque l'on se trouve dans un canton abondant en perdrix, on remarque les endroits qu'elles fréquentent le plus. On met, dans un seul tas, plusieurs poignées de grains, et l'on y fait quelques traînées qui se prolongent à une certaine distance. Le lendemain, on va visiter cet appât, et l'on s'aperçoit aisément si les perdrix y ont donné. Lorsque cela a eu lieu, on a un châssis en bois un peu lourd, de quatre pieds carrés, que l'on relève d'un côté seulement, et que l'on soutient dans cette position au moyen d'un piquet planté en terre. On remet du grain à la même place sous le châssis. On revient encore; et, si l'on voit que le grain ait été mangé, c'est une preuve que le châssis n'a pas effrayé les perdrix; alors on le couvre d'un filet à mailles carrées, d'une dimension plus grande, que l'on soutient à l'aide de deux cerceaux ajustés sur le châssis. Dans cet état, on ôte le piquet, et on tend le piége au moyen d'un quatre de chiffre dont la marchette se prolonge jusqu'au petit monceau de grains que l'on a soin de renouveler. Les perdrix, habituées à trouver des alimens dans cet endroit, ne manquent pas d'y revenir; et, en mangeant le grain, l'une ou l'autre touche à la marchette et fait tomber le filet sous lequel la bande se trouve prise.

Comme il convient de disposer ce piége auprès d'un buisson ou au bord des vignes, au lieu d'employer le quatre de chiffre, on peut soutenir le châssis au moyen d'un piquet que l'on fait porter par en bas sur une tuile. On attache à ce piquet une ficelle qui se prolonge jusqu'à l'endroit que l'on a choisi pour se cacher, et d'où l'on peut voir ce qui se passe, et l'on attend en silence que les perdrix soient venues manger le grain. Lorsqu'elles sont sous le filet, on tire la ficelle qui fait tomber le piquet et le châssis.

On remplace quelquefois le filet par une mue d'osier que l'on dispose de la même manière, et que l'on couvre de menues branches pour moins effrayer le gibier. On a soin, dans ce cas, de charger la mue d'une grosse pierre, pour que les perdrix, en se débattant, ne puissent pas la renverser.

Ce piége réussit beaucoup mieux en hiver où le grain est rare, et où le gibier affamé ne manque pas de fréquenter les endroits où il en trouve.

On peut, par ce moyen, prendre les faisans dont on veut peupler les parquets, en tendant plusieurs de ces filets dans les endroits que ce gibier fréquente, et où d'ailleurs on a su l'attirer en y répandant du grain.

Avec les collets. — Pour tendre les collets, on remarque les endroits que fréquentent le plus ordinairement les perdrix. Si c'est dans un bois, on fait une enceinte de vingt ou trente pas de largeur; entre les taillis qui forment cette enceinte, on plante des haies de six à huit pouces de hauteur, composées de petites branches piquées en terre. De distance en distance, on laisse des vides seulement suffisans au passage d'une perdrix. On garnit toutes ces passées de collets à piquet simples ou doubles. Il faut que ces collets soient ouverts à la hauteur du col des perdrix et barrent la passée, afin que ces oiseaux, en se promenant, s'y prennent par la tête, une aile ou un pied. Il faut visiter les collets à une heure après midi.

Si c'est dans une bruyère que l'on veuille faire usage de ce piége, on choisit les petits sentiers ou les clairières ; on y pratique même des passées en coupant, si cela est nécessaire, et on les garnit également de collets à piquet que l'on visite à la même heure.

On tend encore des collets traînans à plat sur la terre dans les sentiers que forment les haies que l'on a établies, afin que les perdrix, en piétant dans ces sentiers, se prennent par les pieds. Pour les attirer auprès de ces collets, on jette à l'entour quelques poignées de grains.

Quand la neige couvre la terre, on emploie encore les collets avec succès. On se promène pendant le jour, et l'on examine si l'on aperçoit des perdrix que le tranchant de leur couleur rend faciles à voir sur le fond blanc qui les environne. On va, le soir, à l'endroit que l'on a reconnu, qui est presque toujours une pièce de blé ensemencée, et, avec une pelle en bois, on découvre une place de trente ou quarante pieds en carré. Cela fait, on plante de chaque côté une petite haie qui traverse les sillons, et on laisse dans le fond de chacun la passée d'une perdrix que l'on garnit d'un collet à piquet. On a le soin de jeter du grain de chaque côté des deux haies. Le lendemain, les perdrix affamées, apercevant cette place découverte, s'y rendent avec empressement ; et, après avoir mangé le grain qui se trouve en dehors de la haie, apercevant celui qui est de l'autre côté, elles se décident à passer et rencontrent le piége qui les arrête.

Lorsque commence pour les perdrix la saison des amours, on les voit courir les unes après les autres le soir et le matin, surtout quand il a fait une gelée blanche; et, pour se livrer plus librement à leurs ébats, elles suivent les petits chemins qui entourent les blés verts. Après avoir remarqué les cantons où elles abondent le plus, on y tend des collets. Pour cela, on barre les chemins par de petites haies de la hauteur d'un demi-pied, que l'on plante de vingt pas en vingt pas, et à chacune on pratique une passée large de cinq ou six pouces, à laquelle on place un collet. Il faut observer que le piquet qui le porte ne soit pas planté tout droit comme les précédens, mais incliné sur la passée, parce qu'à cette époque les perdrix, en se poursuivant, marchent la tête élevée, et éviteraient le collet qu'elles rangeraient avec l'estomac; au lieu que, de cette manière, le piquet les oblige à baisser la tête, ce qui fait qu'elles se prennent. Il faut visiter ces collets le matin au soleil levant, pour ramasser les perdrix qui s'y sont prises, et ôter également les collets que l'on replace le soir.

Lorsqu'un oiseau s'est pris à un collet, il se débat tant qu'il en a le pouvoir, et fait souvent contracter à ce piége des plis défectueux, et qui l'empêchent de former le cercle quand on l'ouvre. Il ne faut pas le mettre au rebut pour cela; il suffit de le laisser tremper dans l'eau pendant quelque temps, et il reprend bientôt sa forme première.

Pendant les mois de mars et d'avril, on tend encore des collets traînans pour prendre les perdrix. On remarque un champ où ces oiseaux commencent à se rassembler; alors on garnit toutes les raies de ce champ de ficelles auxquelles on a attaché des collets que l'on ouvre à plat sur la terre. De loin en loin, on jette quelques poignées de grains pour engager les perdrix à s'arrêter ; celles-ci, attirées par cet appât dont elles suivent la traînée, arrivent jusqu'aux collets où elles se prennent bientôt par les pieds. Pour que les perdrix prises ne puissent déranger les collets, on assujettit les ficelles qui les tiennent au moyen de petits piquets à crochet plantés en terre. Cette chasse n'offre de grandes chances de succès que dans les pays où les perdrix abondent.

Manière de prendre les perdrix à la course. — Dans le département de l'Hérault, aux environs de Mèze, Pézenas, Florensac, Pomerolle, Marseille, etc., on prend une grande quantité de perdrix rouges à la course.

Après les semailles, dix ou douze personnes se rassemblent et vont à la découverte. Une partie des chasseurs se rend aux remises connues ; et, aussitôt qu'ils ont fait lever une compagnie, les autres la font repartir, et ainsi de suite, de façon qu'elles sont bientôt essoufflées et haletantes, et qu'on peut les prendre à la main. On prétend que ces perdrix, ainsi fatiguées, sont plus succulentes que celles tuées au fusil.

On fait quelquefois aux perdrix une chasse à la course, avec des chiens dressés exprès, et qui doivent avoir les qualités des chiens d'arrêt, et quelques-unes des courans. On choisit pour cela des chiens de taille médiocre. On monte à cheval, et, accompagné de trois ou quatre personnes, on se rend avec ses chiens dans une plaine où l'on sait trouver des perdrix ; un des chasseurs met les chiens en quête en leur faisant prendre le vent, et il a soin de les suivre. Aussitôt qu'ils ont fait lever une compagnie, il crie aux autres de remarquer la remise, et il enlève ses chiens au grand trot pour aller relever le gibier : après avoir fait cette ma-

1. Râle de genet. — 2 Râle d'eau. — 3. Caille.

nœuvre trois ou quatre fois, les perdrix, essoufflées et rendues, se laissent prendre à la main. Il faut que les chiens dressés pour cette chasse soient habitués à bien quêter sans se suivre les uns les autres. Ils doivent aussi attendre le commandement du chasseur pour faire partir le gibier, et ne pas le poursuivre de toutes leurs forces.

Manière de prendre les bartavelles aux piéges. — Ces perdrix, qui ne fréquentent que les montagnes boisées, et qui ne sont pas abondantes dans nos contrées, n'offrent pas de chasse bien lucrative.

On leur tend cependant des collets avec quelque succès. Mais c'est surtout dans la saison des amours que l'on peut en prendre davantage ; car, malgré leur naturel sauvage, elles sont si transportées à cette époque au cri de leurs femelles qu'elles bravent tout pour les découvrir. On leur tend alors des halliers courts, avec lesquels on barre les sentiers et les clairières des bois qu'elles fréquentent. On en prend encore avec la pochette comme les perdrix rouges. Mais il faut, dans l'un et l'autre cas, avoir une feuillelle que l'on place auprès du piége, de manière à ce qu'elle soit visible ; car on ne doit pas espérer d'en garder pour chanterelle, parce qu'elles périssent en captivité, et nous ne connaissons pas d'appeaux qui puissent imiter l'appel de la poule bartavelle.

Ainsi, dès qu'on a entendu un mâle, on peut tendre un hallier ou une pochette, et placer du côté opposé une femelle, si l'on a pu s'en procurer une. Aussitôt qu'un mâle l'apercevra, il se précipitera à l'instant dans le hallier ou la pochette dans l'espoir d'arriver jusqu'à elle.

De la caille.

Cet oiseau, représenté fig. 3, pl. XL, est remarquable par sa ressemblance avec les perdrix. On le trouve dans les mêmes lieux ; il en diffère seulement, parce qu'il est plus petit et qu'il est de passage. Il séjourne en France de la fin d'avril à la fin de septembre.

Son histoire naturelle se trouve également dans le *Traité général des Chasses.*

Manière de prendre les cailles avec les piéges. — *Avec le hallier.* — Nous avons donné la description des halliers à cailles, tome Ier, page 27; nous avons également décrit, à l'article *Appeaux*, ceux que l'on emploie pour les attirer. Il ne nous reste ici qu'à parler de la manière dont on doit se conduire à cette chasse.

S'étant exercé à bien battre l'appeau, que l'on choisit ayant un son clair, et chargé d'un hallier, on se rend dans un pré ou des blés verts, lieux que les cailles fréquentent à leur arrivée, et ce qui leur vaut le nom de *cailles vertes.* Lorsque l'on est sur le terrain, on écoute attentivement si la voix d'un mâle ne se fait pas entendre, ou bien on essaie, par trois ou quatre coups d'appeau, d'en exciter un à répondre. Si l'on a réussi, on plante son hallier de manière à barrer le chemin que la caille doit prendre pour venir vers soi; on s'éloigne ensuite de quelques pas de sa tendue, on se tapit dans les herbes ; et, faisant raisonner l'appeau avec intelligence, on a soin de répondre à la voix du mâle, qui, croyant entendre une femelle, s'approche peu à peu et finit par se prendre dans le hallier.

Il arrive quelquefois que le mâle, emporté par son ardeur, surtout s'il n'a pas encore de compagne, vole du premier coup de l'autre côté du hallier. Dans ce cas, le chasseur garde le silence, ne fait aucun mouvement, et lui donne le temps de s'éloigner assez pour qu'il ne l'entende pas changer de place ; il passe ensuite de l'autre côté du hallier, d'où il recommence à appeler. La caille revient alors sur ses pas, et il est rare qu'elle évite encore le piége.

Il faut observer qu'une caille, qui a reconnu la ruse, soit par la mauvaise imitation des sons de l'appeau, soit en apercevant le chasseur, est bien plus difficile à prendre, car elle ne vient plus à l'appel; de même, un mâle qui a sa femelle, chante et répond à l'appeau, mais cependant ne s'approche pas; au contraire, s'il n'est pas apparié, il ne tarde pas à accourir. Ainsi, un bon chasseur, après deux ou trois coups d'appeaux, doit savoir reconnaître ce qu'il a à espérer.

Cette chasse, qui a lieu au printemps, se fait au lever et au coucher du soleil, à neuf heures du matin, à midi et à trois heures.

Si le matin avant le lever du soleil, ou le soir après son coucher, il y a de la rosée, ou s'il a plu dans le jour, les cailles, craignant de se mouiller, viennent du premier vol jusqu'aux pieds du chasseur. Cette observation doit donc l'engager, en pareille circonstance, à se cacher le plus près possible du hallier, afin que la caille ne le dépasse pas.

Malgré que l'on puisse se procurer d'excellens appeaux et que l'on parvienne, par la pratique, à acquérir l'art d'en tirer des sons très-vrais, on réussit encore mieux à la chasse du printemps, en employant une chanterelle. C'est une caille femelle que l'on conserve dans un endroit obscur, en la nourrissant de millet. On l'habitue à chanter en battant de temps en temps l'appeau auprès d'elle. Au printemps, on la porte aux champs dans une calotte de chapeau recouverte d'un filet, et on la place dans une cage semblable à celle que nous avons décrite pour recevoir les perdrix chanterelles; elle est seulement d'une dimension plus petite. On lui donne environ neuf pouces de largeur, sur six de longueur et trois de hauteur. Placée dans cette cage, que l'on pique en terre et que l'on entoure de halliers, cette femelle ne tarde pas à attirer dans le piége tous les mâles qui sont à portée de l'entendre.

La chasse que l'on fait aux cailles après la ponte, ne ressemble point à celle-ci. A cette époque, qui se trouve en août et septembre, ces oiseaux ne répondent plus à l'appeau, que l'on emploierait inutilement. On remarque donc un champ où on en voit plusieurs (car elles commencent alors à se rassembler); et, lorsqu'il n'en reste plus qu'une portion à moissonner, on la laisse debout pour leur servir de remise. Quand on veut y chasser, on borde tous les sillons avec un hallier; ensuite, avec quelques compagnons, on part de l'extrémité du champ, opposée à celle où sont tendus les filets, et l'on se dirige vers eux en battant exactement le terrain, et jetant à droite et à gauche quelques poignées de terre pour faire fuir le gibier. Cette chasse est la bourrée, dont nous avons déjà parlé à l'article *Perdrix*; mais elle réussit mieux avec les cailles, qui, commençant à être grasses, se retirent plutôt en marchant qu'en volant. On prend en même temps des perdrix et quelques autres oiseaux marcheurs.

On pratique également cette chasse dans les chenevières, lorsque l'on sait qu'il s'y trouve des cailles, mais on observe que, si elles y ont séjourné quelque temps, leur chair a acquis une graisse huileuse qui lui donne un goût désagréable.

Si l'on pensait qu'un champ, non encore moissonné, fût peuplé de quelques-uns de ces oiseaux, et que l'on craignît de le fouler, on pourrait cependant essayer de les prendre aux halliers. Mais pour les chasser vers la tendue, deux hommes tiennent chacun un bout d'une longue corde garnie de grelots, et la passent au-dessus du champ, en marchant vers les filets; ils ont soin de l'agiter continuellement, et de la faire de temps en temps toucher à terre.

Avec la nappe ou tirasse. — *Voyez*, page 47, tome Ier, la composition et les dimensions de la tirasse ou nappe à cailles.

On emploie la tirasse à l'arrivée des cailles, dans les endroits unis, tels que les prés ou les blés verts, et on se sert de l'appeau. Le chasseur étend le filet légèrement sur les blés verts ou les luzernes; et, caché derrière un buisson, ou couché à plat ventre contre terre, en se servant adroitement de l'appeau, il tire avantage de l'instinct qui domine alors ces oiseaux, et les amène insensiblement sous la tirasse où ils trouvent l'esclavage ou la mort au lieu du plaisir qu'ils se promettaient. Les nappes que l'on emploie à cette chasse sont très-légères, attendu qu'elles doivent être soutenues sur les sommités des herbes, parce que les cailles, qui aiment mieux courir que voler, et qui viennent entre les herbes au son de l'appeau, doivent pouvoir s'engager facilement sous la nappe sans y trouver obstacle. Aussitôt que le chasseur s'aperçoit, par le chant de la caille, qu'elle s'approche de lui, il diminue insensiblement le ton de son appeau; et, lorsqu'il juge qu'elle est sous le filet, il se lève vivement, et y jette quelque chose, ou son chapeau, ou une motte de terre, afin que l'oiseau effrayé cherche à s'envoler. Il se hâte alors de s'en emparer, autrement la caille échapperait en filant rapidement entre les herbes. On en prend quelquefois deux ou trois du même coup.

Comme tous les mâles n'ont pas la même voix, il est très-essentiel de distinguer, quand plusieurs chantent à la fois, le premier auquel on a répondu, et de ne faire parler l'appeau que chaque fois que l'on l'entend. Car, si l'on répondait indistinctement à tous les mâles, on n'en prendrait aucun. Une caille manquée ne se reprend jamais, et deux coups d'appeau suffisent, à l'homme exercé à cette chasse, pour distinguer si celle qu'il cherche à prendre est une caille *rabattue*, nom que l'on lui donne lorsqu'elle a déja échappé au piége.

En automne, on emploie également la tirasse, mais alors on va quêter les cailles dans les champs moissonnés, avec un chien couchant bien dressé. On s'y prend de la même manière que pour les perdrix ; *voyez* la chasse de ces oiseaux avec la tirasse, page 13. On choisit un temps calme, par lequel les cailles déjà grasses sont paresseuses, et tiennent davantage ; au lieu que, quand il fait du vent, peu de chose suffit pour les faire lever. Il est essentiel d'avoir un chien très-sûr à l'arrêt, car souvent les cailles sont tellement en garde contre le danger qui les menace, qu'elles restent blotties avec assez de constance pour dérouter les chasseurs ; mais alors l'immobilité du chien annonce leur présence, et rend leur ruse inutile.

Quoique cette chasse exige deux hommes, un seul peut la pratiquer à l'aide d'un bâton ferré qu'il porte avec lui. Ce bâton est de la grosseur d'un manche de fourche, long de quatre pieds environ, et garni, à son petit bout, d'une pointe de fer avec une douille, ce qui le rend commode à enfoncer en terre. Quand le chien marque un arrêt, le chasseur plante le bâton à gauche ou à droite de l'animal, à une distance égale à la moitié de la largeur de la nappe ; il y attache un des cordeaux du filet, à huit ou neuf pouces de terre, et, tenant le bout opposé, il s'éloigne du piquet de toute la longueur de la corde, afin de déployer la nappe ; il la ramène ensuite vers le chien jusqu'à ce que le piquet, le chien et le chasseur se trouvent sur la même ligne. Il abandonne alors son cordeau et effraie le gibier pour s'en emparer.

Un chasseur seul emploie encore à cette chasse une tirasse triangulaire. Il se sert également du piquet qu'il plante quand il a vu son chien former un arrêt, et il attache à ce piquet un des angles de la tirasse ; ensuite il vient se placer vis-à-vis du nez du chien, il met sous un pied le second angle du filet qu'il y tient ferme. Alors, prenant le troisième angle, auquel il a lié un poids ou une pierre, il le lance à la droite du chien si le piquet a été planté à gauche, où *vice versâ*. Si l'arrêt a été bien formé, il y a espoir que les cailles sont enfermées sous le filet; cependant, comme il occupe moins d'espace que l'autre, il offre moins d'avantages.

Avec le traîneau. — Pour prendre ces oiseaux au traîneau, décrit article *Filets*, il est essentiel de laisser traîner le bord du filet que l'on a garni soigneusement de bouchons de paille ou de petits rameaux, pour les forcer à se lever, car les cailles sont très-paresseuses à l'époque où l'on fait cette chasse, qui n'a lieu qu'en automne, seul temps où l'on en trouve plusieurs ensemble.

Pour le surplus, *voyez*, à l'article *Perdrix*, la chasse de ces oiseaux au traîneau, pag. 10.

De l'outarde et de la canepetière.

L'outarde ne paraît en France que pendant l'hiver, c'est-à-dire depuis les premiers jours de décembre jusqu'en mars. Elle se montre particulièrement en Champagne, en Picardie et en Lorraine, et ce n'est que lorsque la neige est très-abondante, qu'elle s'avance davantage vers le midi. Elle cherche les cantons de plaines rocailleux.

La canepetière, au contraire, habite la France pendant la belle saison. Elle se plaît dans les prairies et les blés des pays de plaine : la Beauce, la Normandie et le Berry, sont ceux où elle est le plus abondante.

Ces deux oiseaux ont été décrits dans le *Traité général des Chasses.*

Manière de prendre avec des piéges les outardes et les canepetières. — Les outardes, habitant continuellement des pays plats et nus, sont d'une approche extrêmement difficile ; et, dès qu'elles aperçoivent un homme, elles se mettent à fuir.

Lorsque la terre est couverte de neige, on plante, dans les cantons qu'elles fréquentent, une certaine quantité de piquets auxquels on attache solidement un fort hameçon monté sur fil de laiton. On amorce ces hameçons avec des petits quartiers de pomme, ou de la viande. Les outardes, qui trouvent alors difficilement à se nourrir, ne manquent pas d'avaler les appâts qu'elles rencontrent et restent alors prises par le bec.

On les prend avec des filets que l'on dispose comme nous allons le dire. On choisit ordinairement le bord d'un étang ou d'une rivière planté d'arbres. Cependant, quand il ne s'y en trouve pas, on plante sur une ligne droite plusieurs piquets, gros comme le bras, et hauts d'environ huit pieds. On attache à ces piquets deux filets, longs d'une cinquantaine de pieds chacun, et faits en cordonnet solide et à mailles en losange ; ils sont bordés, en haut et en bas, de deux maîtres bien câblés et gros comme le pouce. Ces cordeaux servent à les tendre. On les dispose sur la même ligne, en laissant entre eux un intervalle suffisant au passage d'un homme à cheval. Ces filets sont tendus lâches pour former des bourses capables d'embarrasser les outardes. Il convient d'être plusieurs personnes pour faire cette espèce de chasse. L'une d'elles est à cheval ; les autres s'embusquent derrière les filets, sur le bord de l'étang ou de la rivière.

Lorsque tout est ainsi préparé, un des chasseurs monte à cheval, se couche sur le cou de cet animal, et se dirige vers les outardes qu'il voit au loin dans la plaine. Dès que ces oiseaux aperçoivent le cheval (animal qu'elles paraissent affectionner beaucoup), elles vont au-devant de lui en courant et en déployant leurs ailes. Lorsqu'elles se sont suffisamment approchées, le chasseur fait demi-tour et revient vers les filets; ordinairement, les outardes le suivent, et, lorsqu'elles sont à quelques pas du piége, elles s'arrêtent et regardent. Pendant ce temps, le chasseur passe dans l'intervalle qui sépare les filets, il en fait le tour, pousse son cheval, et gagne le derrière des outardes qu'il effraie, et force à se jeter dans les filets; alors les chasseurs embusqués se lèvent et assomment à coups de bâton les outardes qui s'y sont embarrassées.

Dans quelques endroits, on les force avec des lévriers, surtout quand on parvient à les surprendre, parce qu'ayant quelques difficultés à s'enlever, elles courent deux ou trois cents pas avant de prendre leur vol. Ce moyen réussit surtout par un temps d'épais brouillards qui, mouillant les ailes de ces oiseaux, augmentent la difficulté du vol. Cependant il paraît qu'on prend difficilement de cette manière les outardes adultes; les jeunes échappent plus rarement. On les prend encore à la course, en les poursuivant à cheval. Pour cela, il faut être plusieurs chasseurs; quelques-uns sont à pied et d'autres à cheval. Ceux qui sont à pied se rendent, avant le commencement de la chasse, à l'endroit vers lequel on se propose de pousser les outardes. Ceux qui sont à cheval vont les faire partir; et, comme elles ne volent pas long-temps, ils les relèvent aussitôt qu'ils le peuvent, et les fatiguent tellement que, lorsqu'elles arrivent auprès des hommes à pied, ceux-ci peuvent les atteindre aisément et les assommer à coups de bâton.

La canepetière est encore plus difficile à approcher que

l'outarde. L'époque la plus favorable pour lui tendre des piéges est le commencement de l'automne où l'on rencontre cette espèce en bandes composées de quinze à vingt individus, au lieu que plus tôt on n'en voit qu'une ou deux ensemble. On emploie, à cette époque, contre elle, les mêmes moyens que contre l'outarde. Dans les autres temps, on fait donner les mâles dans les piéges en leur présentant une femelle empaillée, et, les attirant auprès, en imitant son cri.

Des coqs de bruyère.

On connait en France deux espèces de coqs de bruyère, le grand et le petit coq; on les trouve le long des Pyrénées, dans les montagnes du Dauphiné, de l'Auvergne, des Ardennes et des Vosges; ils se nourrissent des fruits et sommités des pins et sapins, de glands, de faines, de bourgeons de bouleau, de chatons de coudrier, de baies de mirtille et de genièvre : le petit coq est plus commun que le grand.

L'histoire des coqs de bruyère a été donnée dans le *Traité général des Chasses.*

Manière de prendre ces oiseaux avec les piéges.—Ces deux espèces sont extraordinairement méfiantes et d'une approche très-difficile.

Lorsque la terre est couverte de neige, on en prend quelques-uns avec un quatre de chiffre que l'on charge d'une pierre plate ou creusée en gouttière. On a soin de placer dessous quelques-uns des alimens qu'ils recherchent; et, lorsqu'ils veulent s'emparer de cet appât, ils font tomber la pierre qui les écrase.

Dans les mois de septembre et octobre, ces oiseaux fréquentent les taillis pour y trouver des fruits sauvages; en

multipliant alors des collets à piquet, placés à toutes les
passées, on réussit encore à en prendre quelques-uns.
Également à l'époque de la saison des amours, on peut
employer ces collets dans les endroits où les mâles rassemblent les femelles pour se livrer avec elles à leurs ébats
amoureux. Il faut que les collets soient tendus avant le
jour; mais il est bon d'observer qu'alors on prend ainsi
plus de femelles que de mâles, ce qui nuit à la propagation
de l'espèce déjà assez rare. On peut plutôt, dans ce cas,
tendre des halliers, et appeler ces oiseaux au moyen de l'appeau que nous avons décrit; au moins, si l'on n'y prend que
des femelles, on peut les rendre à la liberté; on tend
encore quelques collets sur les arbres où l'on a remarqué
que ces oiseaux se perchent.

Voici une chasse qui se pratique en Russie. Dans les
forêts de bouleaux, les chasseurs choisissent des endroits
peu fourrés et fréquentés par les petits coqs de bruyère.
Ils disposent çà et là, et à une hauteur médiocre, des perches horizontales soutenues d'un bout sur les branches de
bouleaux, et de l'autre par un bâton fourchu planté en
terre. Ces perches sont garnies d'un appât qui plaît à ces
oiseaux et sont destinées à leur inspirer quelque confiance,
et à les engager à se rassembler dans les environs.

Près de ces perches est fixée, sur un montant planté en
terre, une roue placée verticalement et dont les rayons
partis du centre dépassent la circonférence de quelques
pouces, de manière à former une roue à dents. Au-
dessous de cette roue, est disposée une espèce de panier conique dont les extrémités sont à jour, et dont l'ouverture la plus large est tournée du côté de la roue; cette
roue est couverte de paille, à l'exception des dents qui
restent nues. Les petits coqs de bruyère, attirés par les

alimens que l'on place sur cet appareil ; viennent se poser sur ces dents, leur poids fait tourner la roue, ils descendent et tombent dans le panier conique, dont la base, se rétrécissant, les embarrasse, et où, serrés les uns sur les autres, ils ne peuvent échapper au chasseur qui les prend vivans.

De la gelinotte.

Cette poule des bois, représentée fig. 2, pl. XLI, se plaît dans les contrées boisées et montueuses de la France, et à peu près partout où se trouvent les coqs de bruyère.

Elle a été décrite dans le *Traité général des Chasses*.

Cet oiseau qui marche plus souvent qu'il ne vole, se prend assez aisément avec des collets à piquet et traînans, disposés convenablement dans les parties de bois qu'il fréquente ; on a soin de semer à l'entour les alimens qu'il préfère.

On tend encore aux gelinotes, avec assez d'avantages, des halliers au moyen desquels on barre les sentiers où l'on a remarqué leurs traces. On se sert, pour les attirer dans le filet, d'un appeau particulier qui imite leur sifflement ; cet appeau se fait avec l'os de l'aile d'un hibou ou d'un autour ; la vérité de cet instrument contribue surtout au succès de cette chasse, que l'on fait particulièrement après les couvées, c'est-à-dire vers la fin de novembre.

Lorsque les braconniers savent des gelinottes dans un bois, ils tâchent, à la chute du jour, de remarquer les arbres où elles se perchent, et vont ensuite la nuit les asphyxier avec un morceau de laine soufré qu'ils placent au bout d'un bâton, comme nous l'avons dit en parlant des faisans ; ce moyen est également employé par eux à l'égard des coqs de bruyère.

— 1. *Pluvier doré.*   2. *Gélinotte.* —

Du ganga.

Le *ganga*, *tetrao alchata*, est de la grosseur de la perdrix grise ; il a treize ou quatorze pouces de longueur. On estime la chair des jeunes gangas que les gourmets préfèrent souvent à celle de la perdrix ; mais celle des vieux est dure et sèche.

On le trouve près des Pyrénées orientales, et principalement dans la plaine de la Crau en Provence, où il reste toute l'année, et où on le désigne sous le nom de *gandoulo*. L'accouplement a lieu en mars ; la ponte est de deux à trois œufs. La mère nourrit ses petits en les gorgeant comme les pigeons.

On connaît cet oiseau à Montpellier sous le nom d'*angel* et de *perdrix d'Angleterre ;* on le désigne encore sous celui de *gelinotte des Pyrénées*.

On voit les gangas voler en troupes nombreuses dans les plaines de la Crau, mais à une telle hauteur qu'on ne peut les tirer à coups de fusil. Ils ne se laissent point approcher, prennent aisément la fuite, en poussant de grands cris, et s'envolent rapidement dès qu'ils aperçoivent quelqu'un.

Ils viennent, pendant les chaleurs de l'été, boire aux bords des étangs et ruisseaux ; c'est là que les chasseurs les attendent à l'affût. L'heure la plus favorable est le matin. Mais lorsqu'ils ont été effarouchés par les coups de fusil, ils deviennent si craintifs qu'ils n'osent plus se poser et boivent en rasant l'eau.

Des alouettes.

On a donné, dans le *Traité général des Chasses*, la description et l'histoire des espèces d'alouettes qui se trouvent en France.

Ce sont :

L'alouette commune, ou mauviette, fig. 1re, pl. XLII.

L'alouette cochevis, fig. 5, pl. XLIII.

L'alouette lulu.

L'alouette calandrelle.

L'alouette calandre, fig. 5, pl. XLII.

L'alouette pipi, ou le cujelier, fig. 1re, pl. XLIII.

L'alouette rousseline, ou pipi rousselin.

La spipolette, fig. 2, pl. XLII.

L'alouette pipi des arbres, ou la farlouse, fig. 2, pl. XLIII.

Enfin le fist de Provence, et la pivote ortolane.

Toutes ces espèces se tiennent à terre où elles nichent; les mâles sont chanteurs, et c'est du haut des airs qu'ils font entendre leur chant. Elles se nourrissent de semences, d'insectes et de brins d'herbes. On les trouve dans les champs ensemencés, les terres labourées et les prairies. On en voit toute l'année en France, malgré que beaucoup émigrent.

Manière de prendre les alouettes avec les pièges. — Avec les nappes et le miroir. — Nous avons, tome Ier, page 137, fait la description des différens miroirs à alouettes, et indiqué les moyens les plus convenables pour les faire mouvoir. Dans le même tome, à l'article *Filets*, nous avons fait connaître la composition des nappes employées à cette chasse, les diverses manières de les monter et de les tendre; il nous reste à donner ici les principes généraux qui doivent diriger le chasseur.

Après avoir fait choix d'un terrain convenable, et avoir disposé sa tendue comme nous l'avons indiqué aux articles que nous venons de citer, le nappiste enfonce, dans l'intervale vide qui se trouve entre les deux nappes, le piquet destiné à supporter le miroir et dont la ficelle qui doit le faire tourner, se prolongeant jusqu'à la forme, est assujettie

1. Mauviette. — 2. Spipolette. — 3. Calandre.

1.Alouette pipi ou cujelier. _ 2.Farlouse.
3.Alouette cochevis.

à la bobine du second piquet qu'il pique en terre à sa portée. Cette ficelle doit passer sous la corde de tirage, afin de ne point gêner l'effet de cette dernière. Pour le rendre encore plus facile, quelques nappistes se servent d'un piquet formant la fourche; ils le plantent à la jonction des deux cordes de tirage, de façon que la petite fourche soit élevée de six à huit pouces, et soutienne la corde de tirage pour l'empêcher d'être arrêtée en traînant à terre. Quand on n'emploie pas cette petite fourche, il faut avoir soin, au moment de tirer la corde pour abattre les nappes, de la soulever en la tirant à soi, afin qu'elle ne puisse se trouver accrochée nulle part.

Tout étant ainsi disposé, le chasseur, assis à l'endroit où il a établi la forme, a entre ses jambes la corde de tirage qui passe sous lui et est fixée à un piquet à crochet qui la maintient dans l'état de tension convenable au repos des filets. En tirant la ficelle passée sur les bobines du piquet qui est à côté de lui et de celui qui soutient le miroir, le chasseur donne à celui-ci l'impulsion convenable; et aussitôt qu'il aperçoit une alouette voltiger au-dessus du piége, et qu'il la juge susceptible d'être enveloppée dans les nappes, il abandonne la ficelle du miroir, et, saisissant à deux mains une poignée en bois fixée à la corde de tirage, il tire cette dernière fortement à lui en se renversant, et les filets recouvrent l'imprudent oiseau qui s'est laissé attirer par la lumière trompeuse du miroir.

Cette chasse a lieu depuis la fin de l'été jusqu'à la fin d'octobre. Il faut que les rayons du soleil ne soient point obscurcis par des nuages, puisque c'est leur réflexion sur les glaces du miroir qui produit l'éclat lumineux qui séduit les alouettes. On la pratique depuis le lever du soleil jusqu'à midi. Les matinées où la terre est couverte de gelée blanche sont les plus favorables.

3 *

Les alouettes ne s'approchent pas toujours assez des nappes pour pouvoir y être prises ; on pare à cet inconvénient en se servant de moquettes ou perchans fixés par un corselet à la boucle en ficelle qui se trouve à l'extrémité du sanglot. *Voyez* pour cette disposition l'article *Perchant*, tome Ier, page 136.

On emploie encore dans ce cas quelques alouettes pour appelans, et on place les cages qui les contiennent auprès de la forme où se tient le chasseur.

A la ridée. Cette chasse se nomme ridée, parce qu'on ne la pratique qu'en hiver, époque où les alouettes ne font que rider ou raser la terre en volant. On emploie les nappes dont nous venons de parler ; mais au lieu de les tendre vis-à-vis l'une de l'autre, on les place bout à bout et on les fait mouvoir par le moyen de trois guèdes, dont une à chaque extrémité, et la troisième au milieu qui réunit les deux nappes. Nous avons indiqué, à l'article *Filets*, la manière de les tendre. (*Voyez* tome Ier, page 46.) Nous dirons ici que, pour attirer les alouettes à portée de ce piége, on attache, le long de l'espace que le filet doit recouvrir, quelques perchans alouettes, et on place de l'autre côté du filet quelques cages d'appelans. Les uns et les autres, par leurs mouvemens et leur chant, invitent les alouettes des environs à se rassembler autour d'eux. Quelques traqueurs battent pendant ce temps la campagne et poussent ces oiseaux vers la tendue. Aussitôt que celui qui doit la faire jouer et qui est caché par un abri naturel ou artificiel les voit à sa portée, il tire la corde qui fait abattre le filet sur les alouettes. Il faut observer de ne pas tendre les nappes contre le vent ; il est toujours préférable que le chasseur l'ait à dos.

Avec les fourchettes. Pour cette chasse on se sert encore des nappes. Elle prend son nom de ce que l'on y emploie trois ou quatre douzaines de petites baguettes grosses comme le petit doigt, longues d'un pied, pointues par un bout, et terminées à l'autre par un embranchement fourchu. Plusieurs personnes se réunissent pour cette chasse; elles se munissent de nappes ou de tout autre grand filet, pourvu que les mailles n'en soient pas trop ouvertes, et du nombre de ces petites fourches que nous venons d'indiquer : elles se rendent alors dans les champs. Lorsqu'elles aperçoivent des bandes d'alouettes, elles les tournent de loin en s'en rapprochant peu à peu afin de les rassembler; aussitôt qu'elles sont parvenues à ce but, elles s'arrêtent à une cinquantaine de pas; pendant ce temps d'autres personnes déploient, derrière les premières, le filet qu'elles soutiennent par le moyen des fourchettes plantées de distance en distance, et qui dépassent d'environ six pouces. On tend le filet de manière que la lisière de trois côtés touche à terre, tandis que celle du quatrième côté est soutenue en l'air par des fourchettes piquées en terre à deux pieds de distance l'une de l'autre; ce côté ouvert est tourné vers les alouettes. Dès que le filet est tendu, on gagne par un détour le derrière des alouettes, et on se dispose de manière à former un demi-cercle dans lequel se trouve le gibier; on marche alors vers le filet en le chassant devant soi; aussitôt que les alouettes en sont assez près, on se hâte d'avancer, pour qu'elles se précipitent dessous, et au même instant on le ferme en ôtant les petites fourchettes qui soutiennent le bord resté ouvert. Quelques alouettes vivantes, disposées en coureurs sous le côté relevé du filet, ne peuvent que contribuer au succès de cette chasse.

Elle ne peut se faire qu'en automne, époque où la terre est découverte, et au moment du coucher du soleil, parce qu'alors les alouettes ne volent pas.

Avec les traîneaux. Cette chasse se fait la nuit; on a dû, au coucher du soleil, observer, dans le champ que l'on sait être fréquenté par les alouettes, leurs diverses allures et l'endroit où elles se remisent. Pour se reconnaître pendant la nuit, on y plante une ou plusieurs branches, ou des baguettes fendues, et portant une carte. Lorsque la nuit est bien close, on se rend avec un second sur ce terrain; et, après avoir monté le traîneau sur les deux perches destinées à le porter, on l'élève horizontalement en laissant pendre derrière environ un pied du filet qui, traînant à terre, force le gibier à se lever. Marchant en silence, on se dirige vers le lieu où l'on se propose de surprendre les dormeuses, et, au moindre bruit qu'elles font, on laisse tomber sur elles le traîneau qui en retient souvent une grande quantité. Cette chasse détruit considérablement d'alouettes et réussit même quelquefois pendant le jour quand le ciel est sombre et nuageux. Quand on chasse ainsi la nuit, il ne faut pas qu'elle soit trop obscure.

Cette chasse se fait sur la fin d'octobre et au commencement de novembre, époque où les alouettes se réunissent en bandes plus nombreuses. Ces oiseaux dorment assez profondément pour qu'un coup de filet donné auprès d'eux ne les réveille pas.

On peut conjecturer que l'on est près d'une bande d'alouettes, quand une ou deux se lèvent et vont se poser à quelques pas, car on les voit ainsi pendant le jour voler d'un côté de la troupe à l'autre.

Si l'on chasse avec le traîneau composé, l'on ne s'arrête que lorsque l'on a battu l'espace que l'on voulait parcourir, ou lorsque l'on a une assez grande quantité d'oiseaux pour qu'il soit nécessaire de les recueillir. *Voyez* à l'article *Filets*, tome Ier, la description des traîneaux; et, à l'article *Perdrix*, la chasse de ces oiseaux au traîneau.

Avec les collets. — On prend une grande quantité d'alouettes avec les collets traînans formés de deux crins de cheval.

En mars et avril, on les tend dans les endroits où les passages sont fréquens. Ces collets sont liés à une corde assujettie au moyen de piquets à crochet enfoncés solidement en terre, et qui l'empêchent d'être dérangée par les alouettes qui peuvent s'y prendre. On place plusieurs de ces cordes hérissées de collets dans les raies d'un champ. Quand la tendue est achevée, on jette le long de ces collets quelques poignées de grains de blé ou d'orge. Les alouettes, naturellement bonnes piétonnes, et attirées par cet appât, viennent dans les raies garnies de collets pour ramasser les grains qu'elles trouvent épars çà et là, et se prennent bientôt à l'un de ces piéges.

Dans le Berry, que l'on renomme comme un passage très-abondant en alouettes, on pratique particulièrement cette chasse, à laquelle on donne le nom de *saunée*, et on y prend une quantité innombrable de ces oiseaux.

Mais le temps le plus favorable pour tendre des collets traînans est celui où la terre est couverte de neige. On va dans un champ, et l'on découvre le sillon le plus élevé, en enlevant la neige avec une pelle de bois. On tend ensuite en zigzag sur ce sillon une corde garnie de collets. On jette çà et là des ramassis de grange, et il n'est pas rare de voir, à peine cette tendue achevée, les alouettes descendre par bandes, venir se poser sur le sillon découvert, espérant y trouver quelque nourriture, et s'y prendre en quantité par les pieds. Il ne faut pas se hâter d'aller s'emparer des premières prises, au contraire, elles servent à attirer les autres; on ne les ramasse donc que lorsque la chasse est finie.

Voyez, à l'article collets, la manière de tendre les collets traînans.

Avec des gluaux. — On prépare pour cette chasse environ deux mille gluaux; on les fait avec des baguettes de saule droites et longues de trois pieds deux pouces, aiguisées et durcies au feu par un bout pour être plantées en terre. L'extrémité supérieure est enduite de glu à la longueur d'un pied ; on choisit un champ que l'on sait être fréquenté par les alouettes, et particulièrement un terrain en jachère ; on y plante ces gluaux à la distance d'un pied les uns des autres, et les rangs sont assez espacés pour qu'on puisse passer entre eux. Ces gluaux sont plantés de manière que ceux du second rang soient justement vis-à-vis le milieu des intervalles du premier rang , et ainsi de suite , afin de former le quinconce. Le talent le plus utile à cette chasse est de savoir planter ces gluaux de manière que le moindre attouchement d'un oiseau les fasse tomber. Aux deux angles placés diagonalement, on plante deux drapeaux qui servent de points de direction aux chasseurs.

A quatre ou cinq heures du soir, ils se rendent sur le terrain ainsi disposé. Leur troupe se divise en deux bandes qui, obéissant aux signaux d'un seul chef, partent ensemble de chacun des angles où sont les drapeaux, et, parcourant une ligne circulaire, viennent se réunir à une demi-lieue de distance et en face du carré garni de gluaux. On laisse de distance en distance quelques chasseurs qui forment la chaîne depuis les drapeaux jusqu'au centre du cordon où les deux troupes se sont réunies. Cette marche a pour but de rassembler au milieu du demi-cercle les alouettes dispersées dans la plaine.

Aussitôt que les deux troupes se sont liées l'une à l'autre, les chasseurs qui les composent s'avancent à pas lents vers le carré, en se dirigeant sur les drapeaux ; il faut une certaine adresse dans cette marche, pour ne pas effrayer le gibier, ni le chasser trop vivement. Peu à peu le cercle se rétrécit, et, à peu près à l'heure du coucher du soleil, le cordon s'est resserré de manière que le centre n'est plus qu'à deux cents pas environ de l'angle du carré. Enfin, continuant d'avancer, les chasseurs poussent devant eux les alouettes qui, à cette heure, ne font plus que voltiger, et les conduisent bientôt parmi les gluaux qui en retiennent le plus grand nombre.

Cette chasse, qui ne peut avoir lieu qu'en automne, époque où les bandes d'alouettes sont le plus nombreuses, présente d'assez grands avantages dans les endroits où ces oiseaux abondent, et il n'est pas rare alors d'en prendre ainsi par douzaines. Elle exige le concours de plusieurs personnes, et le succès est d'autant plus certain qu'elles s'entendent bien entre elles, et suivent exactement les signaux de celui qui est chargé de diriger tous les mouvemens.

Aux rideaux. — Dans quelques provinces de l'Allemagne, on pratique une grande chasse aux alouettes, à laquelle on a donné le nom de *chasse aux rideaux.*

Nous allons indiquer ce que nous savons de cette chasse, qui pourrait être faite dans tous les endroits où les passages d'alouettes sont considérables.

En Allemagne, tous les habitans d'un village et quelquefois de plusieurs se réunissent pour cette chasse. Chaque famille apporte ses filets ; et, lorsque l'on partage le gibier pris, la quote-part de chacune est en raison du nombre des filets qu'elle a fournis.

Ces filets ne sont pas autre chose qu'une grande nappe simple, à mailles en losange, à laquelle on donne une dimension de trente à quarante pieds de longueur sur vingt à vingt-cinq de hauteur.

On plante, à la distance de trente à quarante pieds les unes des autres, de fortes perches qui s'élèvent d'environ trente pieds; on les dispose sur dix ou douze rangs de profondeur et sur un front de quatre ou cinq cents pieds. La distance entre chaque rang de perches est rigoureusement de vingt-cinq pas.

On suspend les filets dans les intervalles des perches, au moyen d'une corde bien cablée, et qui passe dans les anneaux dont est garni le côté supérieur des filets.

Lorsque la tendue est achevée, les chasseurs, au moins deux heures avant le coucher du soleil, forment une vaste enceinte en avant d'eux, et, lorsqu'ils n'ont plus, jusqu'au coucher du soleil, que le temps nécessaire pour revenir auprès d'eux, ils se mettent en marche en battant exactement le terrain. Les alouettes chassées fuient lentement vers les filets, et, lorsqu'elles en sont près, tous les chasseurs jettent à la fois des pierres et des mottes de terre, et se mettent à courir en poussant des cris; les alouettes, effrayées, prennent leur vol pour échapper et vont donner dans le premier rang des filets. Comme à la tombée de la nuit ces oiseaux ne volent ni loin ni haut, celles qui passent par-dessus le premier rang, se prennent au second et ainsi de suite. On s'empresse alors de faire tomber tous les filets en lâchant les cordes qui les soutiennent au moyen des poulies dans lesquelles elles passent, et de ramasser les alouettes qui y sont restées embarrassées en quantité innombrable.

Cette chasse a lieu en automne, et on la renouvelle tous les jours tant que dure le passage, de façon qu'il s'y prend plusieurs milliers de ces oiseaux.

La nuit avec une lanterne. —C'est principalement en Lorraine que l'on pratique cette chasse vraiment divertissante. Elle peut se faire pendant toutes les nuits d'été et d'automne.

On se procure une lanterne dont le dessus et toute la circonférence sont en fer-blanc; le dessous seul est en verre, de manière que toute la lumière qu'elle procure s'échappe par en bas. On a le soin de remarquer, le soir, comme pour la chasse au traîneau, les endroits où les alouettes se remisent pour y passer la nuit. Lorsqu'elle est close, on se rend avec sa lanterne sur le terrain que l'on a remarqué. Là, on allume la chandelle que l'on a mise dedans, et on se met à la recherche des alouettes en observant le plus grand silence et en portant la lanterne devant soi. La lumière qui s'en échappe tombe sur la terre et éclaire un espace en rond du diamètre d'un pied et demi à deux. Si, dans cet espace, il se trouve une alouette, on l'aperçoit aussitôt, tandis qu'elle ne peut pas voir le chasseur, et à l'instant on lui met le pied dessus et on la ramasse.

Il n'est pas rare, par ce moyen, d'en prendre deux ou trois douzaines pendant une promenade de deux heures. Mais, pour réussir encore mieux, il est bon de se munir d'un appeau dont on fait entendre quelques sons d'intervalles en intervalles. Souvent les alouettes immobiles ne seraient pas aperçues, au lieu qu'entendant l'appeau, et voyant la lumière, elles répondent, s'agitent et se montrent au chasseur. On sent que cette chasse n'est praticable que dans les terres en friche et les chaumes.

Nous trouvons dans la *Bibliothèque physico-économique,* tome Ier, année 1806, une chasse de nuit aux alouettes assez analogue à celle dont nous venons de parler. Elle est en usage dans le Dauphiné; voici en quoi elle consiste :

« Il faut se pourvoir d'abord : 1° d'un filet, 2° d'une lanterne, 3° d'une sonnette.

» Le filet doit être assez léger pour qu'on puisse le porter d'une seule main; il a cinq pieds de hauteur, et son manche deux pieds de longueur.

» La lanterne est longue de quinze pouces, et est en

fer-blanc ; la mèche de coton est de la grosseur d'un pouce et demi.

« La sonnette , assez semblable à celle que l'on attache au cou des bêtes à corne que l'on mène paître dans les bois, est longue de six pouces.

« Deux chasseurs se rendent pendant la nuit sur le terrain où ils savent que les alouettes se sont rassemblées en plus grand nombre. L'un prend le filet de la main droite, la lanterne de la gauche, et passe le premier. A mesure qu'à l'aide de sa lanterne il aperçoit des alouettes ; il pose son filet dessus et leur écrase la tête, de manière qu'elles ne puissent plus se relever. L'autre chasseur, tenant la sonnette de la main droite, suit le premier et ramasse les alouettes sans cesser de sonner. Il doit même faire attention de sonner sans discontinuité ; sans quoi l'irrégularité du son ferait envoler les alouettes. »

CHAPITRE III.

DES OISEAUX QUE L'ON TROUVE PARTICULIÈREMENT DANS LES BOIS.

Des pigeons et tourterelles.

L'histoire de ces oiseaux a été présentée dans le *Traité général des Chasses*; on en connaît trois espèces : le *bizet*, représenté fig. 2, pl. XLIV, le *ramier*, fig. 1re, même planche, et le *pigeon sauvage*. Elles sont de passage , habitent les bois, où elles couvent, et d'où elles se répandent dans les champs ensemencés ou couverts de moissons, pour y chercher les grains dont elles se nourrissent.

1. Pigeon ramier.   2. Pigeon biset.

Ces oiseaux paraissent en France dès le mois de février, et la quittent en octobre ou novembre.

La *tourterelle des bois* paraît en avril, et nous quitte en août. Elle habite les mêmes lieux que les pigeons. Elle est représentée fig. 1re pl. XLV.

L'époque de l'arrivée des pigeons est celle où on leur fait une chasse plus profitable au moyen de nappes semblables à celles dont on se sert pour prendre les alouettes, excepté que les mailles sont plus grandes. Lorsqu'on a remarqué des pigeons dans un bois, on cherche, dans une clairière ou sur la lisière, une place commode au développement des nappes. On la nettoie de tout ce qui peut gêner le jeu des filets, et on jette, dans l'espace qu'ils doivent recouvrir, des grains, des glands, des faines, etc. On dispose également quelques pigeons pour servir de perchans. On tend les nappes comme nous l'avons indiqué, et on prolonge, jusqu'à une cabane construite exprès pour cacher le chasseur, la corde de tirage et celles qui communiquent aux perchans. Dans cet état, le nappiste, retiré dans sa loge, attend que les pigeons se soient abattus autour de ses perchans, pour les envelopper sous ses filets.

Lorsque la terre est couverte de neige, on a soin de découvrir la place où l'on veut tendre les nappes. Cette précaution suffit pour attirer les pigeons qui trouvent dans cette circonstance leur nourriture beaucoup plus difficilement. Mais lorsqu'il n'y a point de neige, il est moins facile de les faire donner dans le piége. On fait alors quelques autres dispositions. Après avoir tendu les nappes, on attache, sur les branches les plus élevées des arbres qui dominent la tendue, un bâton disposé de manière à faire bascule; sur l'extrémité la plus en vue, on attache, au moyen d'un corselet et par les pattes, un pigeon aveugle; à l'autre extrémité, on lie une corde qui communique à la loge, de manière que l'on puisse, quand c'est nécessaire, imprimer au bâton un mouvement de bascule, qui force le perchant à s'agiter et le fait apercevoir par les pigeons qui voltigent ou sont perchés aux environs. Comme souvent ce moyen ne fait qu'attirer les pigeons autour des perchans, et qu'ils ne s'abattent point auprès de ceux qui sont à terre, on a avec soi dans la loge deux ou trois pigeons liés à une ficelle par leur corselet. Pour décider les pigeons à s'abattre, on en lâche un en tenant le bout de la ficelle; il ne manque pas de se rendre auprès des perchans placés entre les nappes, et il se met aussitôt à manger le grain qui s'y trouve, avec d'autant plus d'avidité qu'on a eu soin de le laisser jeûner le temps nécessaire. Quelquefois la vue d'un seul pigeon, ainsi lâché, engage les autres à descendre; d'autres fois on en lâche un second, et il est rare que cela ne suffise pas. Alors le chasseur aux aguets s'empresse de les prendre sous ses nappes. On prend ainsi beaucoup de bizets.

Dans les gorges des Pyrénées, à l'époque des passages des ramiers, au printemps et à l'automne, on leur fait une chasse considérable avec des filets. Mais comme les détails qu'elle nécessiterait ne nous seraient d'aucune utilité, parce qu'elle dépend uniquement des localités, et que, là où on la pratique, on peut se passer de la description que nous en donnerions; les personnes curieuses de la connaître la trouveront dans le *Dictionnaire des Chasses de l'Ency-clopédie.*

On peut encore prendre quelques ramiers avec des collets pendus aux branches des plus grands arbres. On a soin de les garnir d'un appât convenable. On se cache ensuite dans une loge de feuillage, et on les appelle au moyen de l'appeau que nous avons décrit page 122, tome Ier. Les pigeons, en voltigeant à l'entour, aperçoivent l'appât dont ils veulent s'emparer, et se prennent aux collets.

1. Tourterelle.   2. Pic-vert.
3. Engoulevent.

On prend les tourterelles, aux passages d'avril et d'août, par les mêmes moyens que les pigeons.

Des pics.

Ces oiseaux sont remarquables par leur tête grosse en proportion du corps, et le bec en forme de coin, carré et d'une substance très-dure.

Leur vol est court et rapide, les mouvemens brusques, l'aspect farouche, la voix rauque et perçante. A l'aide de leurs ongles, ils grimpent les long des arbres, et de distance en distance, ils frappent des coups redoublés qui s'entendent de loin ; lorsqu'ils ont frappé, ils vont regarder à la partie opposée pour saisir les larves d'insectes, ou les insectes eux-mêmes, que la commotion engage à sortir de leur trou, et dont ils font leur nourriture. Outre cette manière de forcer leur proie à se présenter à eux, ils creusent avec leur bec les petits trous où ils reconnaissent qu'il existe quelque insecte, et, par l'alongement de leur langue, enduite d'une matière glutineuse, ils vont le saisir et l'avalent. Outre les insectes, ils se nourrissent encore de baies et de fruits.

Ils ne quittent jamais les bois, et sont sans cesse à voltiger d'un arbre à un autre, qu'ils semblent sonder, ainsi que nous venons de le dire. A l'époque de la ponte, les femelles déposent leurs œufs dans les trous d'arbres, et, à cet effet, ces oiseaux agrandissent souvent ceux qu'ils ont déjà faits pour trouver leur nourriture.

Nous avons en France deux espèces assez communes de pics, c'est le *pic vert* et l'*épeiche* ou *pic rouge*.

Le *pic vert*, *picus viridis*, est le plus commun; il est représenté fig. 2, pl. XLV, page 45. On le connaît sous les différens noms de *pic vert jaune*, de *pic pluvial*; en

Bourgogne, *procureur de meunier; picosseau*, en Poitou; *picotat* ou *picolat*, en Périgord; *bivai*, en Guienne; *becquebo*, en Picardie; *pleu-pleu, plui-plui*, en Normandie, etc. Le dessus du corps est vert olive, et le dessous d'un jaunâtre plus ou moins vif; la queue noirâtre et fourchue; le bec noirâtre et olivâtre à sa base supérieure, avec des moustaches rouges, les pieds verdâtres, mêlés de brun, les ongles cendrés; longueur totale, onze pouces.

Ce pic est très-répandu; il passe, au moins le plus grand nombre, l'hiver en nos forêts. Il aime beaucoup les fourmis pour lesquelles on le voit souvent à terre pendant l'été. La ponte est de quatre à six œufs verdâtres avec de petites taches noires.

L'épeiche ou *pic varié, picus major*. C'est le pic rouge dans plusieurs contrées; il a sur la tête une bande d'un rouge vif, le bas-ventre d'un beau ponceau, la queue étagée de noir sur un fond blanc rougeâtre, l'iris rougeâtre, les pieds couleur de plomb, les ongles bruns. Longueur totale, neuf pouces trois lignes.

La ponte est de cinq à six œufs d'un blanc grisâtre mêlé de taches noirâtres. Les habitudes de ce pic sont les mêmes, excepté qu'on ne le voit jamais à terre.

On trouve encore en France, mais rarement, deux autres espèces de pics. Le *petit épeiche, picus minor*, de la grandeur du moineau, tout le corps est bigarré de blanc et noir, et de blanc et gris en dessous, le sommet de la tête rouge.

La seconde espèce est le *pic noir, picus martius;* il a le corps noir, et la tête est d'un rouge vif; longueur totale, dix-sept pouces. On ne le trouve que dans la partie la plus boisée des Vosges où il n'est pas encore commun. S'il était plus abondant, cet oiseau ferait beaucoup de dégâts, parce qu'étant très-gros, il fait aux arbres, pour se nicher, des trous qui les font bientôt périr ou casser. Il perce aussi les ruches des mouches à miel.

On prend ces oiseaux à la pipée, où on les fait venir en se servant de l'instrument, fig. 9, pl. XXXIII, page 127, tome Ier, fait en forme de marteau et décrit à l'article *Appeaux*. Il suffit, pour cela, lorsqu'on en entend, de frapper contre un arbre, avec ce marteau, en imitant à peu près leur manière de le faire.

On les tue à coups de fusil, en les cherchant dans les bois où on les reconnaît aisément aux coups qu'ils frappent contre les arbres et que l'on entend de loin; on peut encore les attirer à la portée du fusil, en se servant d'un œuf de bois creux avec lequel on frappe sur la crosse.

On les prend avec des raquettes que l'on tend çà et là dans les bois qu'ils fréquentent, et le long desquelles ils grimpent; et on attache sur la marchette quelque insecte qui ronge les arbres et dont ils sont friands.

L'espèce du pic vert qui recherche les fourmis peut se prendre avec des collets traînans que l'on tend à plat sur les fourmilières; on emploie ce moyen seulement pendant l'été.

Enfin, quelques collets pendus après les grosses branches d'arbres, principalement celles qui sont souffrantes, parce que les pics y trouvent plus d'insectes, peuvent encore arrêter quelques-uns de ces oiseaux.

Du torcol.

Le *torcol, junx toruquilla,* que les Provençaux nomment *languard, tire-langue,* et qui porte en Dauphiné le nom de *coutouille,* en Lorraine celui de *torticolis,* et, en différentes contrées, ceux de *trousse-col, tourne-col, longue-langue,* etc., doit son nom à l'habitude qu'il a de tourner le col en ramenant lentement sa tête sur son dos en fermant les yeux. Il est représenté fig. 2, pl. XLVI.

Il a six pouces et demi de longueur et la grosseur d'une alouette ; toutes les parties supérieures variées de gris, de brun et de noirâtre, en zigzag ; le ventre d'un blanc sale, taché de noir ; l'iris jaunâtre, le bec couleur de plomb clair, et les pieds et ongles gris.

Cet oiseau, solitaire en tout temps, excepté celui de ses amours, voyage et vit seul ; il arrive en mai et part en septembre. On le voit le plus souvent à terre près des fourmilières, dans lesquelles il darde sa langue, qu'il a la faculté d'alonger et qu'il retire chargée de fourmis qui y restent attachées par l'humeur visqueuse qui la couvre. Il s'accroche aux arbres, mais il n'y grimpe pas comme les pics. Il se perche rarement, excepté pour dormir ; son cri, qu'il fait entendre à la même époque que le coucou, est un sifflement aigre et prolongé.

La femelle pond dans les trous d'arbres, où elle dépose huit ou dix œufs d'un blanc d'ivoire.

Si on déniche les jeunes torcols, on est étonné du sifflement qu'ils font entendre et de leur tournoiement de tête on serait tenté de les croire de petits serpens.

Dans de certaines contrées, on leur donne le nom d'*ortolans*, parce qu'ils acquièrent beaucoup de graisse sur la fin de l'été, et leur chair même est estimée.

Ces oiseaux ne vivent que fort peu en cage, à moins qu'on les nourrisse d'œufs de fourmis, encore ne les conserve-t-on que quelques mois.

L'espèce du torcol, n'étant pas nombreuse, ne présente pas de grands avantages sous le rapport de la chasse ; si on veut le tuer à coups de fusil, on le cherche dans les bois, et sur les fourmilières au pied des arbres.

On peut le prendre avec des collets traînans, en les pla-

1. Courlis   2. Torcol.

çant sur ces mêmes fourmilières ; et, si l'on veut l'avoir
vivant, il faut y tendre un trébuchet, semblable à celui
que nous avons décrit pour le rossignol, mais que l'on
maintient ouvert au moyen d'un quatre de chiffre dont la
marchette couvre la fourmilière. Le torcol, en voulant
s'emparer des fourmis, qui ne manquent pas de couvrir le
piége, fait échapper la détente et se trouve pris.

Du coucou.

Le *coucou, cuculus canorus*, a une forme alongée et
treize à quatorze pouces de longueur ; son plumage est d'un
joli cendré, plus ou moins clair, avec des raies transver-
sales brunes ; l'iris noisette, le bec noir en dehors, orangé à
sa base ; les pieds jaunes. Il est représenté fig. 3, pl. XLVII.

C'est un oiseau de passage en France, où il arrive dans
le mois d'avril. Il est insectivore, et mange aussi les œufs
des petits oiseaux. Le mâle fait entendre au printemps son
chant qui imite son nom, tantôt en volant, tantôt perché ; il le cesse vers la fin de juin. La femelle n'a qu'une
espèce de gloussement qu'elle emploie pour agacer les
mâles qui, dans cette espèce, sont beaucoup plus nombreux. Les jeunes ne chantent point la première année.

La femelle a une habitude qui lui est particulière ; c'est
celle de ne point construire de nid et de ne point couver ;
elle dépose ses œufs dans les nids des petits oiseaux, tels
que les fauvettes, la lavandière, le rouge-gorge, le rossignol, etc. ; quelquefois elle fait tomber ceux qu'elle trouve
dans le nid pour pouvoir y placer le sien, car elle n'en dépose
qu'un ; et on a remarqué que, quand même elle les jette-
rait tous, la couveuse, sans doute par une loi impérieuse de
la nature, couve et élève le seul étranger confié à ses soins.
Il paraît que cette bizarrerie ne vient pas de la paresse de

cet oiseau, mais de la conformation de son estomac qui ne lui permet pas de se livrer à l'incubation.

Il n'est point vrai que le jeune coucou dévore les petits dont il partage le nid, et quelquefois sa nourrice, comme on l'a prétendu. Cet oiseau n'est point carnivore; il lui arrive seulement quelquefois de jeter en bas du nid les petits qui l'occupent avec lui, afin d'avoir plus de place, attendu que son volume n'est jamais en proportion du nid où il reçoit le jour.

Le coucou ne fréquente que les bois ou les grands parcs; il se tient dans les taillis épais ou sur le haut des arbres, il montre une certaine inquiétude qui le tient toujours en mouvement. On croit que le mâle et la femelle ne forment point de société, car on voit toujours plusieurs mâles à la suite d'une femelle pour laquelle ils se battent souvent. Au commencement de l'automne, ils sont très-gras, et leur chair est bonne. Peu de temps après, ils quittent nos contrées, probablement pour se rendre en Afrique, puisqu'on les voit, deux fois par an, passer à l'île de Malthe. Ils ne reviennent plus qu'au printemps suivant, et, à cette époque, ils sont très-maigres.

Pris jeune, on peut l'élever en domesticité, mais il faut le garantir du froid qui le tue ordinairement, et le soigner pendant la mue qui lui cause toujours une maladie grave.

On ne tue guère cet oiseau qu'au fusil, et, pour l'attirer sous ses coups, le chasseur emploie l'appeau que nous avons décrit page 122, tome Ier, avec lequel il imite son cri et lui répond. L'oiseau vient bientôt se poser sur un arbre à la portée du chasseur, qui se tient caché, ou il passe en volant auprès de lui, et lui offre la facilité de le tirer au vol. Autrement il est très-difficile à approcher, et il ne paraît pas qu'aucun piége soit bien efficace pour le prendre.

1. Tarin. 2. Martin pêcheur.
3. Coucou.

Du bec-croisé.

Le *bec-croisé commun* ou des *pins, loxia curv s ta,*
est remarquable par son bec épais, croisé par la courbure
de ses mandibules qui a lieu en sens inverse. Son bec et ses
pieds sont noirs. Sa longueur est de six pouces. Il est représenté fig. 1re, pl. XLVIII.

Cette espèce, qui est répandue dans le nord de l'Europe,
se plaît de préférence dans les forêts de pins, dont le gland
est sa principale nourriture. Elle émigre quelquefois et pénètre alors dans nos contrées septentrionales. Il y a quelques
années que des troupes assez nombreuses de becs-croisés
ont été vues dans les environs du Hâvre, où ils ont fait
assez de dégâts parmi les pommiers dont ils mettaient les
fruits en pièces pour en manger les pepins. En 1821, on en
a vu encore beaucoup en Normandie, et même aux environs de Paris. Nous en avons vu et pris nous-mêmes, dans les
bois de Virofley, quelques individus qui faisaient partie
d'une bande qui y a séjourné de juillet en août.

Le bec-croisé fait son nid dès le mois de janvier; il le construit de mousse; sa ponte est de quatre à cinq œufs blan-
châtres, piquetés et rougis sur le gros bout d'un rouge en-
sanglanté.

Cette espèce d'oiseaux est peu méfiante, et se laisse approcher assez facilement. Elle vole en bande peu nombreuse
et fait entendre un cri de rappel en volant et en se posant.

Le fusil peut les atteindre comme toutes les autres espèces; et d'autant plus facilement qu'ils se laissent assez
approcher pour les tirer même à la sarbacane.

Ceux que nous avons pris à Virofley l'ont été avec des
gluaux disposés sur des plians ou perches de sept à huit
pieds. Le hasard conduisit sans doute les premiers sur ses
gluaux qui, néanmoins, étaient avec intention piqués en

terre dans une chenevière. Les premiers pris furent mis un à un dans des cages d'appelans accrochées à ces mêmes plians, de façon qu'ils rappelaient parfaitement leurs compagnons qu'ils entendaient s'ébattre aux alentours, et contribuèrent principalement à en faire prendre plusieurs.

Il paraît certain que cette chasse est la meilleure qu'on puisse leur faire, car ils ne se posent jamais à terre d'un premier vol; ils aiment à se percher à quelque distance du sol, sans doute par un instinct qui les engage à reconnaître le terrain.

Ils ne se tourmentent point en cage, où on les nourrit avec du chenevis, et peuvent, dès qu'ils sont pris, servir d'appelans.

Du bouvreuil.

Le *bouvreuil, pyrrhula europæa,* est de la grosseur d'un moineau.

Le mâle et la femelle restent appariés toute l'année et vivent ensemble; ils habitent les bois qui couvrent les montagnes pendant la belle saison; et, dans le mauvais temps, ils descendent dans les plaines, approchent des habitations, et fréquentent les vergers, les haies et les bosquets. Ils vivent de baies, de graines, et des bourgeons des arbres. Au printemps, ils causent assez de dégâts dans les vergers, et attaquent les bourgeons des arbres fruitiers; on les voit ordinairement, à leur cime, occupés à prendre leur nourriture. A la fin de l'été, on les rencontre par petites bandes qui forment chacune une famille, vivant séparément, et qui ne se désunit qu'au printemps suivant, époque où les jeunes mâles choisissent leurs compagnes, et s'isolent avec elles. Ils fréquentent alors les buissons les plus épais où on les reconnaît au cri qu'ils font entendre continuellement.

Les femelles font leurs nids dans les vergers, les char-

1. *Bec-croix.*   2. *Merle.*   3. *Grive.*

milles, les buissons isolés, et principalement ceux d'épines blanches. Elles nichent à la fin d'avril, et pondent cinq ou six œufs d'un blanc bleuâtre sur lequel paraissent quelques taches d'un pourpre obscur plus nombreuses vers le gros bout. Le mâle aide sa femelle dans tous ses travaux, et la nourrit pendant l'incubation, en lui dégorgeant les alimens qui sont dans son jabot. C'est de cette manière qu'ils nourrissent ensemble leurs petits.

Leur chair, presque toujours maigre, se sent de l'amertume des alimens dont ils se nourrissent.

Ces oiseaux font l'ornement de nos volières par leur beauté, leur chant, et la reconnaissance qu'ils témoignent à ceux qui les soignent. Ils sont susceptibles d'apprendre à siffler et à parler. La femelle même est dans ce cas, et c'est un don que la nature n'accorde qu'à elle.

Les bouvreuils que l'on veut instruire doivent être pris au nid, au moment où ils sont couverts de plumes. Il faut les tenir sur la mousse et toujours proprement; on les nourrit avec une pâte liquide, comme celle que l'on prépare pour les jeunes rossignols. *Voyez* cet article.

En volière, ils doivent être tenus très-proprement; on doit surtout veiller à ce que leur fiente ne s'attache point à leurs pattes, parce qu'elle s'y durcit tellement qu'on ne peut l'en détacher, et elle fait tomber les ongles, et ensuite les doigts, les uns après les autres. Il faut ménager le chenevis à ces oiseaux, quoiqu'ils l'aiment beaucoup, parce qu'il leur est pernicieux.

On prend surtout les bouvreils aux gluaux, à la chasse à l'anbret, à l'abreuvoir, au moyen des rejets, sauterelles et raquettes; au trébuchet, en l'amorçant avec des graines de morelle vivace; dans les haies, en tendant tout le long des halliers; et, avec les nappes, en se servant d'appelans.

Voyez la *Chasse aux petits oiseaux.* C'est ce dernier moyen qui est préférable, parce qu'il ménage davantage le plumage de l'oiseau, et que, lorsqu'on le prend adulte, ce n'est guère que pour sa beauté que l'on le recherche, car il est rare de pouvoir alors lui apprendre à parler.

On peut le chasser toute l'année ; cependant les époques les plus favorables sont le printemps, l'automne et l'hiver. Ceux que l'on prend au printemps ne supportent pas la captivité, mais ceux pris au mois d'août s'habituent très-bien à la cage.

Les femelles sont de très-bons appelans pour les chasses du printemps.

Du gros-b .

Le *gros-bec, coccothraustes vulgaris,* représenté fig. 3, pl. XLIX, a six pouces trois quarts de longueur, et est gros en proportion.

On le trouve dans les bois pendant l'été ; mais, dans l'hiver, il se rapproche des habitations. Cette espèce place son nid sur les arbres ; la ponte est de quatre œufs un peu pointus, d'un vert clair, marqué de brun olivâtre et de traits noirâtres irrégulièrement tracés. Les vieux défendent leurs petits avec ardeur quand on veut s'en emparer, et il est bon de le faire avec précaution, parce qu'ils pincent bien serré. Toute la famille vit ensemble jusqu'à l'année suivante. Ces oiseaux se nourrissent de grains, de baies, d'amandes de noyaux qu'ils brisent avec leurs becs ; ils ébourgeonnent aussi les arbres fruitiers ; et, on leur fait la chasse pour cette raison, et non pour les manger, car leur chair est maigre et sans goût.

Le gros-bec n'est susceptible d'aucune éducation ; cependant il vit en cage où on le garde seulement par curiosité.

1. Proyer. — 2. Bruant. — 3. Gros-bec.

Il convient de le tenir seul, car autrement il fait périr ses compagnons d'esclavage en pinçant leur peau et enlevant le morceau.

On le prend à la pipée où il vient assez facilement.

Dans les chasses à-l'abreuvoir, on y dispose contre lui des rejets et des raquettes. Enfin, le meilleur moyen d'en prendre est avec les nappes, en en mettant quelques-uns comme appelans et perchans. *Voyez* la *Chasse aux petits oiseaux.*

Du chardonneret.

Le *chardonneret*, *fringilla carduelis*, est assez généralement répandu; cependant, au printemps et en été, on le trouve particulièrement dans les vergers. Cet oiseau aime beaucoup les arbres fruitiers sur lesquels il établit son nid. En automne, cette espèce se rassemble en troupes nombreuses et fréquente les endroits où croissent les chardons, dont la graine leur est si agréable qu'elle leur a donné son nom.

Au commencement du printemps, le mâle fait entendre son chant dès la pointe du jour jusqu'au coucher du soleil; il chante ainsi jusqu'au mois d'août, excepté lorsqu'il a des petits, pour lesquels il a un soin tout particulier, mais qui n'égale pas néanmoins la sollicitude de la femelle. Cette dernière fait son nid sur les arbres fruitiers ou dans les buissons épineux; elle le construit avec soin, et y dépose cinq ou six œufs blancs, tachetés de brun rougeâtre vers le gros bout. La ponte a lieu vers le milieu du printemps, et cependant elle fait trois couvées, dont la dernière en août. Le mâle nourrit sa femelle pendant l'incubation, dont elle est seule chargée, en lui dégorgeant la nourriture à la manière des serins.

Malgré que cet oiseau soit très-commun, il plaît généralement par la beauté de son plumage, l'élégance de sa
taille, son adresse, l'agrément de son chant et la docilité
avec laquelle il se ploie à l'esclavage et à tout ce qu'on
exige de lui. Aussi en voit-on faire le mort, mettre le feu
à un pétard, exécuter avec précision diverses autres manœuvres, et s'habituer enfin à vivre à la galère, où ses
moindres besoins exigent de lui un travail pour les satisfaire. Comme il n'entre pas dans notre plan de traiter des
oiseaux de volière, nous nous contenterons de dire que les
dernières nichées sont celles qui fournissent les individus
les plus gais, les meilleurs chanteurs et les plus dociles. Il
faut les prendre dans le nid lorsqu'ils sont couverts de
plumes. On indique plusieurs moyens pour nourrir ces
jeunes oiseaux, que l'on nomme *grisets*; mais on parvient
à les élever en leur donnant la même pâte qu'aux jeunes
rossignols.

Ces oiseaux, peu méfians, donnent dans beaucoup de
piéges. Dans la plupart des chasses qu'on leur fait, il est nécessaire d'avoir de bons appelans, que l'on choisit parmi
les mâles les meilleurs chanteurs, car ces oiseaux aiment
beaucoup ceux de leur espèce.

On en prend à la chasse à l'arbret, aux différens trébuchets, en les appâtant avec des têtes de chardon, et employant des appelans; avec des nappes et des appelans; à
la chasse à l'abreuvoir; à toutes les tendues d'hiver, et enfin aux gluaux. Cette chasse, qui se pratique en Lorraine,
sous le nom de *chasse aux chardons*, se fait pendant l'automne. On pose sur les têtes des chardons quelques gluaux,
formés de brins de joncs très-fins et bien englués, à l'exception d'un bout pour les manier. On place aux environs
un mâle chanteur dans une cage couverte de branches. Les

chardonnerets, invités par le chant du prisonnier, viennent sur les chardons pour en manger la graine, et se prennent aux gluaux.

Du tarin.

Le tarin, *fringilla spinus*, a quatre pouces neuf lignes de longueur. Il est représenté fig. 1re pl. XLVII, page 5r.

Cette espèce est de passage; elle arrive dans nos contrées à l'époque des vendanges, venant du nord où elle niche, et se rendant vers le midi. Elle reparaît au printemps, en retournant vers les contrées froides; cependant quelques naturalistes prétendent qu'ils y a des tarins qui nichent dans les forêts des plus hautes montagnes des Vosges. La ponte est de quatre à cinq œufs d'un gris blanc tacheté de rouge.

Les tarins se plaisent dans les endroits plantés d'aulnes, dont ils mangent la graine, et, comme les chardonnerets, recherchent les chardons. Dans le passage du printemps, ils causent du dommage aux pommiers, en pinçant les fleurs.

Cet oiseau s'habitue facilement à la captivité, et son chant, sans être désagréable, ne plaît cependant pas autant que celui du chardonneret; il est d'un naturel docile, vif, gai et paisible; il se plaît principalement avec les serins; il est susceptible de plusieurs manœuvres d'adresse, ainsi que le chardonneret.

Les tarins, qui ne sont pas plus méfians que les chardonnerets, donnent aisément dans les piéges.

On les prend à l'arbret, aux trébuchets, aux nappes pour les petits oiseaux, et avec toutes sortes de gluaux. Cependant on remarque qu'ils ne donnent pas à la pipée.

Dans la Lorraine, à l'époque des passages, on en prend beaucoup avec des gluaux disposés de la manière suivante. Autour d'une cage d'appelant, qui contient un mâle de cette

espèce, on plante plusieurs bâtons de cinq à six pieds.
On garnit ces perches de petits gluaux, fixés dans des en-
tailles faites exprès. Aussitôt que l'appelant entend les
bandes de ses camarades, il fait entendre ses cris de rappel ; toute la troupe s'abat autour de lui, et la plupart reste
dans les gluaux. En en mettant sur les têtes de chardon,
comme nous l'avons dit à l'article précédent, on réussit
également bien.

Quoiqu'on puisse obtenir du succès, en tendant des piéges
à ces oiseaux, aux deux époques des passages, c'est néanmoins à celui d'automne qu'on en prend le plus.

Du moineau franc.

Le *moineau, fringilla domestica,* n'a pas besoin d'être
décrit : il est si généralement répandu que tout le monde
le connaît. Il porte différens noms, tels que *picrrot, guil-
lery,* ou *gros pillery, moineau de ville, moineau domestique,* etc. Sa longueur totale est de cinq pouces dix
lignes.

Il n'est pas moins commun dans les villes que dans les
champs ; et il partage, malgré nous, nos grains, nos fruits
et notre domicile. L'habitude de vivre parmi les hommes a
perfectionné son instinct, il est devenu plus hardi qu'aucun autre oiseau ; il ne redoute point l'homme, se dé-
tourne à peine pour le laisser passer ; et on le voit se livrer
avec sécurité à tous ses ébats sur les chemins et dans les
promenades.

Pendant la belle saison, les moineaux se réunissent le
soir en bandes nombreuses sur les grands arbres pour y piail-
ler tous ensemble. Tout le monde connaît leur cri monotone et désagréable. Lorsqu'ils prolongent le soir leur concert
discordant, on remarque que la journée du lendemain est
ordinairement belle.

Les moineaux sont très-lascifs, et il y a peu d'oiseaux aussi ardens et aussi puissans en amour. Pour jouir de la femelle, ils se livrent des combats opiniâtres; ils sont généralement querelleurs,

Ils font leurs nids avec du foin et des plumes, et le placent ou dans les pots qu'on leur offre, ou dans les trous ou crevasses de murailles, et alors ils le font négligemment. Mais lorsqu'ils nichent sur les grands arbres, tels que les charmes et les peupliers, ils le construisent avec soin, lui donnent une forme arrondie, en couvrent la partie supérieure, et laissent au-dessous une ouverture. Le nombre des œufs varie de cinq à huit; ils sont d'un cendré blanchâtre, avec beaucoup de taches brunes. La même famille demeure rassemblée pendant quelque temps, et les jeunes suivent leur mère. Mais quant à ces bandes nombreuses, que l'on voit dans l'été s'abattre dans les champs de blé mûr, ou le long des haies qui les avoisinent, ce ne sont que des associations que forme l'espoir du butin, mais qui se séparent quand il n'y a plus rien à piller. On remarque aussi que, lorsqu'un coup de fusil fait lever la bande, ils s'envolent tous à la fois avec bruit et reviennent bientôt au même endroit pour recommencer leur pillage.

Ces oiseaux abondent partout, mais principalement dans les pays à blé, et ils en font une consommation prodigieuse. Suivant le calcul fait par M. le baron Rougier de la Bergerie, agronome recommandable par plusieurs ouvrages excellens, il résulte qu'un moineau consomme par an un boisseau de grain du poids de vingt livres; ainsi, portant à dix millions le nombre des moineaux en France, ce qui est bien au-dessous de la réalité, et, fixant à vingt sous le prix du boisseau, c'est donc dix millions de francs que ces oiseaux coûtent à l'agriculture. Outre ce dommage, ils en font encore considérablement dans les vergers, et l'on ne saurait faire une guerre trop active à ces nombreux voleurs qui sont en tout temps des parasites incommodes et qui n'ont aucune qualité qui rachète tant de défauts.

Si on les soumet à l'esclavage, ils s'y habituent parfaitement, parce qu'ils obtiennent sans peine ce qui convient à leur appétit.

Pour détruire cette espèce nuisible, on ne saurait employer trop de moyens.

Si l'on veut lui faire la chasse au fusil, il faut, pour la rendre plus productive, s'y prendre de la manière suivante; on attire les moineaux dans une allée d'un jardin, en y jetant de la graine de foin dans une longueur d'une vingtaine de pas, mais d'une largeur irrégulière, car ces oiseaux sont si méfians qu'on ne saurait prendre trop de précaution. Après les avoir habitués à se rassembler en cet endroit, en renouvelant cette traînée pendant plusieurs jours, le chasseur, ayant un fusil d'un grand calibre pour contenir une plus forte charge de cendrée de plomb, se cache à portée de la traînée; et, lorsqu'il voit un grand nombre de moineaux rassemblés, il fait feu dessus. Il peut recommencer ainsi tous les deux ou trois jours, parce que ces oiseaux, attirés par la nourriture qu'on leur présente, ne manquent pas de revenir à la traînée, malgré qu'ils aient essuyé le coup de fusil. En employant ce moyen avec précaution, on peut ainsi en abattre une grande quantité. Le mois de juin est l'époque qui convient le mieux, parce que c'est celle où il se trouve des jeunes qui sont avides de nourriture; aussi peut-on espérer un grand succès, si l'on est parvenu à attirer vers la traînée les vieux moineaux, parce qu'ils y amènent infailliblement leur couvée.

Toutes les chasses de nuit avec la torche allumée, que nous avons décrites page 185, tome Ier, peuvent être faites contre eux avec succès. Il suffit de remarquer, à la chute du jour, les haies et buissons sur lesquels les bandes de moineaux s'établissent, ce qui est d'autant plus aisé que leurs cris les indiquent assez. La pinsonnée surtout qui meurtrit considérablement le corps des oiseaux n'est bonne à employer que contre eux.

On les prend encore très-bien à l'arbret, en employant des appelans et des coureurs.

Si l'on a pu se procurer un nid de jeunes moineaux en le plaçant dans la cage d'appelans d'un trébuchet sans fin, on peut en prendre plusieurs qu'attirent les cris des jeunes. Mais, pour rendre ce moyen plus productif, on met le nid et les petits dans une cage d'appelant, et on la place sous une mue d'osier que l'on porte auprès de quelque buisson, à portée d'un champ ensemencé. On laisse au haut de la mue une ouverture garnie en dedans d'un goulet d'osier fait comme ceux qui s'adaptent aux nasses des pêcheurs. Ce goulet permet aux moineaux d'entrer, mais non pas de sortir. De cette manière on en prend beaucoup, qui, accourus aux cris des petits, s'introduisent dans la mue. Pour les occuper, on a soin de jeter dessous quelques poignées de grains.

On en prend encore à la chasse aux petits oiseaux, avec les nappes; *voyez* page 179, tome 1er; à toutes les tendues d'hiver, indiquées page 140, tome 1er, tant dans les greniers que dans les granges, et enfin aux fossettes.

Les pots à fleurs que l'on voit suspendus partout dans les villes et dans les villages sont autant de moyens d'enlever les couvées entières, et cependant on remarque que, malgré que le père et la mère aient vu prendre leur famille, ils ne viennent pas moins couver de nouveau dans le même pot.

Lorsqu'on remarque que des bandes de moineaux s'abattent souvent dans un endroit, on peut y placer un grand nombre de brins de paille englués et posés sur la terre, sur laquelle on jette quelques poignées de grains. On emploie aussi quelquefois ces gluaux passés dans un petit morceau de mie de pain, et on ne laisse pas que d'en prendre ainsi une certaine quantité.

Malgré tant de moyens de destruction, cette espèce est toujours abondante. Il est vrai que l'habitude qu'elle a de vivre au milieu de nous lui donne l'instinct d'échapper à beaucoup de piéges.

Du moineau friquet.

Le *friquet*, *fringilla montana*, est un peu plus petit que le précédent avec lequel on le confond quelquefois. Il s'en distingue néanmoins par le dessus de sa tête qui est d'un rouge bai, et ses joues blanches marquées d'un point noir, tandis que dans le moineau le dessus de la tête et les joues sont d'un bleu cendré sombre. Son genre de vie est aussi différent.

Cet oiseau doit son nom à ce qu'étant posé, on le voit sans cesse se tourner, remuer, hausser et baisser la queue. Il se tient à la campagne, fréquente les chemins et le bord des ruisseaux ombragés de saules: il se perche sur les arbres et les plantes basses; on le trouve plus rarement dans les bois, et, presque toujours, il s'éloigne des maisons. Il établit son nid dans les creux d'arbres et les crevasses de vieilles murailles; il le place à peu de distance de terre. La femelle y dépose au plus six œufs d'un blanc sale tachetés de brun.

Quoique cette espèce, comme celle du moineau, fasse jusqu'à trois couvées par an, elle est cependant bien moins nombreuse. A la fin de l'été et pendant tout l'hiver on la voit en grandes troupes, et, pendant cette dernière saison, elle se réunit aux pinsons, bruants et verdiers.

On lui donne différens noms, tels que *moineau de noyers, moineau de campagne, moineau de muraille,* etc.

Cet oiseau a un cri moins désagréable que celui du moineau, il est aussi moins nuisible; il attaque peu les grains et fait sa principale nourriture de graines sauvages, de baies et d'insectes; il est moins pillard et plus farouche. Quoiqu'on puisse l'élever en cage en le nourrissant comme les chardonnerets, il se montre moins docile et moins familier.

On regarde comme une variété du friquet le moineau de montagne que l'on trouve dans les pays montagneux, les lieux déserts et les bois.

Sa tête est d'un beau marron; son plumage gris-roussâtre, et autour du col est une espèce de collier blanc.

Beaucoup moins rusé que le moineau, le friquet se laisse prendre assez aisément aux piéges que l'on lui tend. On le prend pêle-mêle avec les pinsons, bruans et verdiers, aux troupes desquels il se mêle après les couvées. *Voyez* en conséquence les articles de ces oiseaux.

Des pinsons.

Pinson commun, fringilla cœlebs. Cette espèce est commune, sa longueur totale est de près de six pouces et demi. Il est représenté fig. 2, pl. L.

On a cru qu'elle voyageait, mais il paraît qu'elle n'est qu'erratique. Elle vit dans les bois, les parcs, les vergers et les jardins; dans l'hiver, elle se mêle aux troupes des autres oisillons, et vient, comme le moineau, assiéger nos basses-cours et nos granges. Le chant du pinson est assez agréable, et il ne l'interrompt que pendant l'hiver; il est vif et gai.

Au printemps, les couples font leur nid sur des arbustes ou des arbres médiocrement élevés et souvent dans les vergers; ils le construisent solidement et le cachent plus qu'aucun autre oiseau. La femelle y dépose quatre à six œufs d'un gris rougeâtre semé de taches noirâtres plus nombreuses au gros bout. L'incubation, dont elle est seule chargée, dure treize jours; ensuite le père et la mère nourrissent leurs petits d'insectes et de chenilles, et enfin de différentes graines.

Les petits pris dans le nid, et même au filet, s'accoutument à l'esclavage; ils sont susceptibles d'imiter le chant d'autres oiseaux, tel que celui du serin; on leur fait même prononcer quelques mots. On a remarqué qu'ils ne chantaient jamais mieux que lorsqu'ils avaient perdu la vue; ce qui fait que quelquefois on les aveugle, en leur passant devant les yeux un fil de fer rougi au feu; on emploie surtout ce moyen pour en faire de bons appelans. Du reste, pour les faire chanter aux époques convenables de la chasse, on leur fait passer la mue dans une chambre obscure. *Voyez* l'article *Appelant.* Cet oiseau est connu sous les noms de *pinçard,* en Guienne; *pinchard,* en Picardie; *pinchon, glaumet,* en Normandie; *huit, pichot, guignot, richepricur,* à Orléans.

Le *pinson d'Ardenne, fringilla montifringilla,* a six pouces un quart de longueur. Il arrive en France en automne, y passe l'hiver et repart au printemps. Cette espèce se mêle en troupes nombreuses à celles du pinson commun, et montre chez nous les mêmes habitudes; on reconnaît ces pinsons à leur vol serré et au cri qu'ils jettent, et qui ressemble à celui d'un chat. Leur ramage est faible et monotone, c'est un gazouillement que l'on n'entend que de très-près. Leur caractère est plus doux que celui du pinson commun, et ils supportent plus facilement la servitude.

Ils portent différens noms, tels que *arderet,* en Sologne; *pichot mondain* ou *de mer,* à Orléans; *pinson d'Artois, moineau de bois, ébourgeonneau,* etc.

Les pinsons sont les plus ardens agresseurs de la chouette

1. Linotte commune. 2. Pinson commun.
3. Fauvette à tête noire. 4. Rossignol.

à la pipée. *Voyez* cette chasse. Ils y viennent en faisant un cri qui attire un grand nombre d'oiseaux.

On les prend aux trébuchets, au moyen d'un appelant, aux raquettes, aux rejets, aux tendues d'hiver et avec l'assommoir du Mexique.

On les chasse aussi avec les nappes et des appelans et perchans. *Voyez* Chasse aux petits oiseaux. Cette chasse a lieu en automne et en hiver, époques où ces oiseaux volent en troupes nombreuses. La meilleure place pour tendre les nappes est près d'un bouquet de charmille, situé à portée des vignes et des champs. On a soin de placer çà et là, dans le bosquet, des cages d'appelans, outre ceux placés entre les nappes. Il faut cacher le piége le plus possible, autrement les pinsons l'éviteraient. Un temps calme est le plus favorable, parce qu'alors ces oiseaux volent bas et entendent mieux les appelans.

Dans le midi, on les prend avec un filet, appelé *pinsonnière*; c'est une espèce de rafle contre-maillée de trois ou quatre pieds de hauteur et d'une longueur qui dépend de l'emplacement où il doit être tendu; c'est ordinairement entre deux rangs de vignes. On choisit un temps calme comme le plus favorable; c'est surtout à l'automne que cette chasse réussit.

Enfin on les prend encore à la chasse à l'arbret; et avec la chouette. Ils donnent aussi aux abreuvoirs, et c'est pour eux qu'on y tend des raquettes et rejets.

De la soulcie ou moineau des bois.

Le *soulcie, fringilla petronia,* diffère du moineau en ce qu'elle habite continuellement les bois, d'où lui vient le nom de *moineau des bois;* elle est plus grosse que lui, mais elle n'a que cinq pouces et demi de longueur; elle niche dans les trous d'arbres et ne fait qu'une couvée par an, composée de

quatre ou cinq œufs bruns piquetés de blanc. Dès que les petits
sont assez forts , les familles se réunissent en bandes et vivent
ensemble jusqu'au printemps où chaque couple s'isole.
L'espèce n'est pas très-nombreuse, elle est même rare
dans quelques contrées de la France , mais elle est commune en Lorraine. Elle est très-sensible au froid, et ré-
siste difficilement aux hivers rigoureux. Ces oiseaux se
plaisent en troupes et fondent tous ensemble sur les endroits qui leur offrent une nourriture abondante.

Ils sont aussi défians que les moineaux et donnent difficilement dans les piéges. Le meilleur moyen de les prendre
est de leur tendre des nappes , en disposant la tendue sur
la lisière des bois et se servant d'appelans ; c'est principalement en automne qu'il faut leur faire cette chasse.

Du verdier.

Le *verdier*, *loxia chloris*, confondu dans beaucoup
d'endroits avec le bruant dont on lui donne le nom, en
diffère cependant par les habitudes ; le plumage et la conformation du bec. Il est de la grosseur du moineau franc ;
sa longueur est de cinq pouces et demi. Il est représenté
fig. 4, pl. LI.

Cette espèce vit dans les bois, les jardins et les vergers;
elle fait son nid, à une hauteur médiocre, sur les arbres ou
les buissons. La ponte est de quatre à six œufs d'un fond
blanc tacheté de rouge brun. La femelle montre un tel attachement pour sa couvée, qu'elle se laisse prendre à la
main plutôt que de s'envoler. Le mâle a le plus grand soin
d'elle; il l'égaie par son ramage et son vol ; il lui appporte
sa nourriture qu'il lui dégorge à la façon des serins , et l'a-
vertit du danger par un cri plaintif.

Ces oiseaux, d'un naturel doux et paisible, sont faciles à
élever; ils deviennent familiers ; et, quoiqu'ils ne chantent

1. Rouge gorge. — 2. Ortolan. — 3. Mésange
Charbonnière. — 4. Verdier.

pas , excepté dans la saison des amours, ils plaisent également par la docilité qu'ils montrent à se plier à ce qu'on
exige d'eux. Ils ont autant d'adresse que le chardonneret ,
même pour la manœuvre de la galère.

A l'automne, ils se mêlent aux autres petits granivores.
Ils mangent différentes graines , entre autres celles de scor-
sonère et de salsifis ; et pincent les boutons des arbres.

On prend les verdiers à l'abreuvoir avec des gluaux , les
rejets et raquettes , surtout pendant les mois d'août et de
septembre. On peut leur tendre , à la même époque , des
rejets et raquettes , en les plaçant sur la lisière des bois.

Ils donnent à la chasse à l'arbret en employant des appelans de leur espèce , et à toutes les tendues d'hiver. Ils
viennent aussi à la pipée.

Enfin on les chasse avec la chouette. Pour cette chasse ,
que l'on pratique du mois d'octobre à la fin de d'hiver,
on choisit un endroit où il y ait des haies ou des buissons ,
et c'est là que l'on place la chouette à terre , et que l'on
plante autour d'elle les perches ou plians garnis de gluaux.

On ne leur fait la chasse que pour les mettre en cage, leur
chair a ordinairement un fort goût d'amertume.

Des linottes.

La *linotte commune* ou *des plaines*, *fringilla linota et
cannabina*, se montre sous deux habits différens. On en
avait fait deux espèces connues sous les noms de *linotte
grise*, et de *linotte rouge* ou *des vignes*. La première est
la linotte commune sous sa livrée d'hiver, et la seconde le
même oiseau en habit d'été. Sa longueur totale est de cinq
pouces et demi. Elle est représentée fig. 1re, pl. L.

Elle commence à faire entendre au printemps son chant
qu'elle fait toujours précéder d'un prélude. C'est à cette

époque qu'elle s'accouple ; une fois le choix fait, chaque paire s'isole, et demeure, pendant l'été, dans le canton où elle s'établit.

Les linottes font leur nid en plein champ ou dans les vergers, sur les ceps de vignes, les groseillers, etc. La femelle y pond cinq ou six œufs d'un blanc sale piqueté de rouge brun au gros bout. L'incubation est de quatorze à quinze jours. Le mâle ne cesse de chanter pendant ce temps auprès de sa femelle qu'il avertit encore du moindre danger. Ces oiseaux font trois couvées par an, et quelquefois quatre quand les premières ont manqué. Ils nourrissent leurs petits en dégorgeant la nourriture. Pendant l'été, les couvées ne se séparent point. Au mois de septembre, les linottes se réunissent en troupes nombreuses qui restent unies tout l'hiver. Elles passent la nuit, dans les bois, sur les arbres qui conservent le plus long-temps leurs feuilles. On les trouve alors sur les terres en friche, les champs cultivés, où elles se nourrissent de diverses graines ; elles piquent aussi les bourgeons de différens arbres.

Malgré que cet oiseau soit très-commun et que la captivité le dépouille des brillantes couleurs qui le parent pendant l'été, il n'est pas moins recherché, par rapport à son caractère docile, à la souplesse de son gosier, qui se prête à siffler plusieurs airs et à articuler différens mots, n'importe en quelle langue. Il vit long-temps en cage, et semble montrer de l'attachement pour la personne qui le soigne. On élève les petits comme ceux des serins.

On nomme cet oiseau *linot*, principalement en Normandie ; ce nom lui vient de ce qu'on a remarqué qu'il était friand de la graine de lin.

La *linotte de montagne*, *linota montium* ou *linotte à gorge jaunâtre*, a de longueur quatre pouces quatre à six lignes.

Cette espèce ne niche pas en France où elle ne paraît que de l'automne au printemps. Elle habite de préférence nos contrées méridionales. Elle arrive tantôt par troupes nombreuses, tantôt par petites bandes. Son chant est presque aussi agréable que celui de la précédente. On la connaît encore sous le nom de *linotte aux pieds noirs*.

On prend les linottes à la chasse à l'arbret; mais il est bon d'avoir pour appelans des mâles bons chanteurs, et quelques coureurs.

A l'abreuvoir, tant aux gluaux qu'avec les raquettes, et aux petites nappes en se servant d'appelans.

Aux filets à alouettes, en se servant de miroir vers lequel ces oiseaux descendent, de quelques perchans de leur espèce, et d'appelans.

Aux nappes. *Voyez* Chasse aux petits oiseaux. Il convient à cette chasse de n'avoir aux environs ni arbres ni haies sur lesquels ces oiseaux puissent se percher, et les cages d'appelans doivent être cachées par des plantes ou des rameaux plantés exprès.

On réussit très-bien en disposant des gluaux autour d'une cage d'appelans et avec la chouette.

Du cabaret.

Le *cabaret, fringilla linaria* aut *linaria rufescens*, a de longueur totale quatre pouces et demi.

Les cabarets arrivent en France en troupes peu nombreuses au mois d'octobre, et en repartent au mois d'avril pour aller nicher dans le nord; on les voit tous les hivers aux environs de Paris et dans les départemens, depuis le Rhin jusqu'à cette ville, mais très-rarement dans le midi de la France où ils sont presque inconnus. Cet oiseau a un ramage qui ressemble un peu à celui de la fauvette d'hiver. Il vit quelquefois solitaire, mais le plus souvent en petites bandes dont le nombre varie de neuf à vingt. Il est également connu sous le nom de *petite linotte*.

On le prend de la même manière que les linottes, et surtout avec la chouette et des gluaux.

Du sizerin.

Le *sizerin*, *fringilla linaria* aut *linaria borealis*, que l'on ne voit, dans les environs de Paris et contrées voisines, que tous les trois ou quatre ans et quelquefois à des intervalles plus longs, et lorsque l'hiver est rigoureux, arrive dans notre pays à la fin de l'automne, et en part au printemps. Il a cinq pouces de longueur.

Cette espèce vit en troupes plus nombreuses que les cabarets; elle fréquente les bois et se tient à la cime des bouleaux, des chênes et des peupliers. Ces oiseaux s'y accrochent comme les mésanges, s'appellent sans cesse, et se rassemblent souvent sur le même arbre. Des habitudes à peu près pareilles rapprochent cette espèce de celle des cabarets avec lesquels on peut les faire accoupler en cage. Ils sont encore connus sous le nom de *petites linottes de vigne*.

Ces oiseaux, d'un naturel doux et peu méfiant, se prennent aisément aux piéges que l'on leur tend. On emploie les mêmes moyens que pour les cabarets et linottes.

Des bruans, proyers et ortolans.

Bruant de France ou *bruant commun*, *emberiza citrinella;* six pouces un quart de longueur. Il est représenté fig. 2, pl. XLIX.

Il existe quelques variétés dans le plumage des oiseaux de cette espèce, et les oiseleurs donnent le nom de *verdier paillet* aux vieux mâles dont le jaune de la tête est couleur de paille sans aucun mélange.

Au printemps et pendant l'été, on trouve les bruans le

long des haies, sur la lisière des bois, dans les bosquets, les taillis, et rarement dans l'intérieur des forêts. Dans l'hiver, ou les voit souvent à la fin du jour sur le sommet des arbres d'où ils descendent après le coucher du soleil. Ils se mêlent, pendant cette saison, aux bandes de verdiers, de pinsons, de moineaux, etc.

Cette espèce fait trois pontes, la dernière a lieu à la fin d'août; le nid est ordinairement à terre dans les touffes d'herbes au pied des buissons ou sur les branches d'arbrisseaux peu elevés. La femelle pond quatre ou cinq œufs blancs tachetés et rayés de zigzags d'un brun de différentes nuances.

La nourriture des bruans se compose d'insectes, de petites graines, de millet, de chenevis, et surtout d'avoine; on peut même employer avec avantage des épis de ce grain pour les faire donner dans un piége.

On les élève aisément en s'en emparant au sortir du nid, et on les nourrit d'abord avec la pâtée, telle qu'on la prépare pour les jeunes serins.

La chair du bruant est jaune, et a, dit-on, la délicatesse de celle de l'ortolan; cependant elle n'est jamais aussi grasse.

Bruant de roseaux, *emberiza schœniclus*; cinq pouces neuf lignes de longueur.

Cette espèce se plaît dans les lieux humides, particulièrement les roseaux où elle fait son nid, qu'elle attache de manière à monter et baisser suivant la crue des eaux. La ponte est de quatre ou cinq œufs. Elle ne se perche jamais que sur les roseaux et les arbrisseaux peu elevés. Elle se nourrit de la même manière que l'espèce commune. En automne, on la trouve en plaine, et, pendant les neiges, on en voit trois ou quatre mêlés aux bandes des bruans, pinsons et autres petits oiseaux.

Bruant zizi, *emberiza cirlus*; cinq pouces et demi de longueur.

Ce bruant, que l'on nomme encore *bruant de haie*, a beau-coup de rapport avec le bruant commun. Il est plus rare dans le nord de la France que dans le midi où on le voit tout l'hiver avec les habitudes du bruant commun. Il passe en automne et au printemps dans nos contrées septentrionales pour aller, à ce qu'on suppose, nicher dans le nord ; car on ne le voit point en été en France. Même nourriture que le bruant commun avec lequel il se mêle en hiver.

Le *bruant de passage*, *emberiza cia*, auquel on a affecté le nom de *bruant fou*, parce qu'il donne plus aisément dans les piéges, et dont la femelle a été signalée par Buffon, comme espèce particulière, sous le nom de *bruant des prés de France*, n'est que de passage chez nous deux fois par an : à l'automne, venant du nord et même de la Sibérie où il est commun, pour aller passer l'hiver dans le midi, et à son retour au printemps. On le connaît à peine en Lorraine, mais on le trouve plus aisément dans nos contrées méridionales aux deux époques ci-dessus.

Proyer, *emberiza miliaria*; sept pouces et demi de longueur. Il est représenté fig. 1re, pl. XLIX.

Les proyers arrivent au printemps et s'en retournent par troupes en automne vers les pays méridionaux. Ils se nour-rissent de graines et de petits insectes. Ils s'établissent dans les prairies, les luzernes et les avoines, où la femelle cons-truit son nid ; elle y dépose quatre ou cinq œufs d'un gris cendré, pointillé de roux avec quelques zigzags. Le mâle, dans le milieu du jour, partage l'incubation ; autrement il est perché sur un arbre où il fait entendre un chant assez désagréable.

Quand les jeunes sont en état de voler, les familles se répandent dans les champs d'avoine et autres grains. Ces oi-seaux sont susceptibles d'être engraissés comme l'ortolan.

Chez les Romains, on en faisait beaucoup de cas, et on les nourrissait, à cet effet, avec du millet.

Ortolan, emberiza hortulana; longueur totale, six pouces un quart. Il est représenté fig. 2, pl. LI.

Ces oiseaux arrivent au printemps, un peu avant les cailles, mais leur passage n'a rien de fixe et dépend de la température. On en voit aux environs de Paris, en Bourgogne, en Lorraine, et ils s'avancent jusqu'en Allemagne. Ils fréquentent les vignes et se nourrissent des insectes qu'ils y trouvent, et de différens grains, surtout de millet et d'avoine. Ils construisent leurs nids dans le genre de celui des alouettes, quelquefois dans les vignes, d'autres fois dans les blés. Ils font deux pontes par an, de quatre à cinq œufs grisâtres.

Les jeunes regagnent les provinces méridionales dès le mois d'août, les vieux ne partent qu'au mois de septembre ; ils s'arrêtent dans tous les cantons qui leur fournissent une nourriture abondante, et ne les quittent que lorsque le froid les incommode ; il en demeure beaucoup en Provence et dans quelques cantons de nos provinces les plus méridionales.

Malgré que dans les passages d'automne on en prenne qui soient déjà très-gras, leur chair ne l'est pas encore au point qui convient aux gourmets. Pour leur faire acquérir la graisse convenable, on les place, après les avoir pris, dans une chambre que l'on nomme *mue.* Cette chambre est disposée de manière à ce que le jour n'y pénètre pas ; elle est éclairée toujours également par une lampe. Il y a aux coins quelques bâtons pour juchoirs ; on y tient de l'eau toujours fraîche, et on leur donne en abondance de l'avoine, du millet et du panis. Huit jours, passés ainsi, leur suffisent. Il faut que les murs de la chambre soient bien crépis pour que les souris et les rats n'y pénètrent pas. Il faut aussi avoir attention de tirer à propos les ortolans de la mue ; car, si on les y laissait trop long-temps, ils périraient de gras fondu. Un ortolan, ainsi engraissé, est un excellent manger.

Le ramage que cet oiseau fait entendre le jour et la nuit a de la ressemblance avec celui du bruant commun ; cependant quelques personnes lui trouvent de l'agrément et élèvent de ces oiseaux en cage.

Enfin on trouve encore en Provence deux autres espèces de bruant : le *gavoué, emberiza provincialis,* dont le plumage ressemble à celui du bruant de roseaux ; et qui est long de quatre pouces et demi ; son chant est assez agréable ; et le *mitilène, emberiza lesbia,* qui ressemble au gavoué, mais est plus rare et plus farouche ; il ne commence à chanter qu'au mois de juin ; et son cri avertit les oiseaux de l'approche des oiseaux de proie, ce qui fait qu'on en place, à cet effet, dans les basses-cours, en les tenant enfermés dans des cages solides. On connaît encore le gavoué en Provence sous les noms de *chic gavotte* et de *chic moustache.*

On prend les bruans en automne avec les nappes à alouettes, que l'on tend dans les champs nouvellement moissonnés. Pour les espèces de passage, on se sert de ces filets au printemps et à l'automne ; dans l'un et l'autre cas, il est nécessaire d'avoir des appelans. *Voyez* l'article *Appelans* et Chasse aux petits oiseaux avec les nappes.

Ils donnent à l'arbret ; et, pendant l'hiver, à toutes les tendues d'hiver.

Quant aux ortolans, outre la chasse avec les nappes, qui est celle qui réussit le mieux aux époques des passages, on en prend encore beaucoup, dans le midi, aux trébuchets et aux gluaux. On a plusieurs appelans qui sont placés dans les cages des trébuchets, et d'autres dans des cages d'appelans disposées auprès de perches armées de gluaux.

Quand on emploie les nappes, on les tend comme pour la chasse aux petits oiseaux, en employant des appelans et des perchans. Ces chasses ont lieu aux mois d'avril et d'août, époques des passages; on peut prolonger les dernières jusqu'à la fin de septembre. Celles du mois d'août sont les plus productives; on y prend ordinairement des jeunes beaucoup plus délicats que les vieux. Aux environs de Paris, on ne tue les ortolans qu'à coups de fusil. Pour rendre cette chasse plus avantageuse, on se sert d'un arbret auprès duquel on place plusieurs cages d'appelans cachées par quelques menus branchages. Il faut avoir soin que l'arbret soit suffisamment isolé, afin que les ortolans ne puissent pas se percher ailleurs.

C'est surtout aux nappes que l'on prend les proyers à leur arrivée et à leur départ; on en prend néanmoins encore avec des gluaux et des appelans.

Des mésanges.

Nous connaissons en France huit espèces de mésanges, mais qui n'y sont pas toutes également communes; celles qui y abondent le plus sont: les mésanges bleues, les charbonnières, les nonettes cendrées, et les mésanges à longue queue; les autres sont peu répandues, et ne se montrent que dans quelques provinces.

La *mésange bleue, parus cœruleus,* la plus commune de toutes, a le dessus de la tête bleu; longueur totale, quatre pouces et demi.

Ces mésanges s'accouplent dès le mois de janvier; la ponte est de huit à dix œufs, selon les uns; et, selon d'autres, de dix à vingt-deux.

La *mésange charbonnière, parus major,* est la plus grande de nos mésanges. Elle a le dessus de la tête d'un noir lustré. Longueur totale, six pouces. Elle est représentée, fig. 5, pl. LI.

Cette espèce paraît plus abondante en automne qu'en aucun autre temps, parce qu'elle quitte alors les montagnes qu'elle habite pendant l'été pour descendre dans les plaines. La ponte est de neuf à quatorze œufs blancs et tachetés de rougeâtre clair.

La *petite charbonnière*, *parus ater*, a quatre pouces deux lignes de longueur.

Sa ponte est de six à huit œufs blancs parsemés de points marron clair. Elle est plus commune dans les départemens méridionaux; on la voit en automne aux environs de Paris.

La *nonette cendrée*, *parus palustris*, a de longueur quatre pouces un quart.

Cette espèce, assez commune en France, se montre plus abondante dans les départemens septentrionaux. La ponte est de cinq à sept œufs blancs.

La *mésange à longue queue*, *parus caudatus*, se fait remarquer par sa queue étagée plus longue que le corps. Cinq pouces huit lignes de longueur totale.

La ponte est de dix à vingt œufs de la grosseur d'une noisette, d'une couleur grise, plus claire vers le gros bout qui est entouré d'un cercle rougeâtre.

Les trois autres espèces beaucoup moins communes sont:

La *mésange huppée*, *parus cristatus*, de la longueur de quatre pouces huit lignes, reconnaissable à la huppe noire et blanche qui s'élève, sur sa tête, de huit à dix lignes; on ne la trouve qu'en Lorraine.

La *mésange remiz*, *parus pendulinus*, d'une longueur de quatre pouces, et dont le sommet de la tête est blanc, lavé de gris, avec un bandeau noir sur le front; elle ne se trouve que dans les endroits marécageux de quelques cantons du midi de la France, notamment du Languedoc.

Et la *mésange moustache*, *parus biarmicus*, dont la tête

est d'un gris de perle, avec quelques plumes noires aux côtés qui ressemblent à des moustaches. Longueur totale, six pouces un quart. Cette espèce est la plus rare de toutes en France. Elle est commune 'en Hollande et en Angleterre; elle paraît quelquefois aux environs d'Abbeville pendant l'hiver, où elle montre quelques habitudes de la lavandière; on la voit encore, mais rarement, aux environs de Rouen.

Chez toutes ces mésanges, le bec est un peu robuste et pointu. Presque toutes fréquentent les bois, les bosquets et les vergers. Elles sont courageuses et même féroces. Leur naturel est vif et agissant, sans cesse elles sont en mouvement et voltigent de branches en branches; elles grimpent et s'accrochent aux petites branches et se suspendent souvent la tête en bas. Quoique féroces, elles se plaisent en société et se réunissent en bandes plus ou moins nombreuses. Elles ont un cri de ralliement. Elles se nourrissent de graines, d'insectes qu'elles cherchent le long des murailles et sur les troncs d'arbres, des œufs et des bourgeons naissans. La grosse charbonnière mange aussi les abeilles, elle attaque également les petits oiseaux affaiblis par quelques maladies; et, quand elle les a tués, elle ouvre le crâne avec son bec et mange la cervelle. Quand elles mangent une graine, elles l'assujettissent sous leurs ongles et la percent à coups de bec. Elles aiment aussi beaucoup les noix.

Toutes les mésanges, si l'on en excepte la remiz, sont très-fécondes; les unes placent leur nid sur les troncs d'arbres; d'autres sur les arbrisseaux; quelques-unes le suspendent à des branches flexibles, d'autres l'attachent à des joncs ou roseaux : il est toujours d'une grandeur disproportionnée à leur petite taille; elles emploient à sa construction des herbes, des plumes, du coton, etc. Elles montrent plus d'affections pour leurs petits que pour leurs œufs ; elles nourrissent leurs familles avec soin et la défendent avec un courage tel, qu'elles font souvent fuir leur ennemi.

Elles ne vivent communément que cinq à six ans ; elles meurent en captivité où elles n'y vivent que trois ou quatre mois.

Parmi les mésanges, celles qui donnent le plus facilement dans les piéges sont les grosse et petite charbonnières, les nonettes et les mésanges à tête bleue. Il est moins ordinaire d'y prendre des individus des autres espèces.

La pipée est la chasse où l'on en prend le plus ; elles y paraissent des premières et montrent un acharnement incroyable.

On les prend aux trébuchets battans et sans fin, en employant pour appelant une mésange. Pour rendre cette chasse plus productive, on peut se pratiquer une loge dans les bois, autour de laquelle on place plusieurs trébuchets contenant tous un appelant. On peut encore les prendre aux gluaux en en garnissant les alentours et le dessus de la loge.

En Lorraine, on les prend au brai en construisant une loge de laquelle on fait sortir le brai, et se servant d'appelans de leur espèce ou de l'appeau à ramage avec lequel on imite très-bien leur cri de rappel.

Le trébuchet à corde et l'assommoir du Mexique réussissent encore en les amorçant convenablement de chenevis et de noix cassée.

Des collets d'un seul crin, dans le milieu desquels on place une noix suspendue avec un fil, et que l'on attache en grand nombre aux branches d'arbres dans les cantons où les mésanges abondent, en arrêtent aussi beaucoup.

Toutes ces chasses peuvent avoir lieu en tout temps.

1. Motteux. 2. Rouge-queue.
3. Loriot.

En hiver, on les prend à la mésangette (*voyez* ce piége) en l'appâtant avec du chenevis.

Enfin, de quelque manière que l'on dispose ses trébuchets et ses gluaux, on sera toujours sûr de réussir en se servant d'appelans de leur espèce.

On en prend encore à la chasse à la chouette avec des gluaux et des appelans, et à l'arbret également avec des appelans.

Les personnes qui élèvent des abeilles ont intérêt à leur faire la chasse, parce qu'elles leur sont très-nuisibles.

Du loriot.

Le *loriot proprement dit* ou *d'Europe*, *oriolus galbula*, a les ailes et la queue mélangées de noir et de jaune, le reste du corps de cette dernière couleur, et environ neuf pouces de longueur totale. Il est représenté fig. 5, pl. LII.

C'est un oiseau de passage qui paraît en France vers le milieu du printemps, et la quitte en automne pour aller passer en Afrique la saison des frimas. Il se tient presque toujours dans les bois. Les couples se forment aussitôt leur arrivée, et s'occupent de la construction de leur nid, qu'ils placent sur les arbres les plus élevés, quoique souvent à une hauteur assez médiocre. Ils l'attachent ordinairement à la bifurcation d'une petite branche, et le garnissent intérieurement de mousse. La femelle y dépose quatre ou cinq œufs d'un blanc sale, taché de brun foncé, surtout sur le gros bout. Elle couve environ vingt-un jours. Au printemps, ces oiseaux se nourrissent d'insectes, de scarabées, de vermisseaux et de chenilles ; ensuite les cerises, les pois, les baies, les figues, etc., forment leur nourriture ; ils deviennent très-gras en automne, et leur chair est bonne à manger.

Cet oiseau est difficile à élever ; cependant, en le soignant comme les jeunes rossignols, on en vient à bout; mais il est rare qu'il vive plus de deux ans en captivité.

On connaît son chant, dans lequel les uns croient distinguer les syllabes *yo, yo, yo,* précédées d'une espèce de sifflement; d'autres, *oriot, loriot,* etc.

Malgré que ces oiseaux attaquent les cerisiers, néanmoins le dommage qu'ils y causent n'est pas en comparaison des services qu'ils rendent en détruisant une grande quantité d'insectes, et surtout de chenilles.

On les tue à coups de fusil; mais ils sont difficiles à approcher, et se font long-temps suivre d'arbre en arbre avant qu'on trouve l'occasion de les tirer. On parvient plus aisément à portée, si on sait imiter leur cri en sifflant.

A l'époque de la maturité des merises, on tend encore des rejets et collets amorcés avec ces fruits et qui réussissent assez.

Ils viennent aussi à la pipée.

C'est principalement pendant les passages d'automne qu'il est préférable de leur faire la chasse, parce qu'alors leur chair est grasse et de bon goût; c'est tout le contraire au printemps.

De l'étourneau.

L'*étourneau commun, sturnus vulgaris,* également connu sous le nom de *sansonnet,* est moins gros que le merle et a huit pouces et demi de longueur. Il est représenté fig. 1re, pl. LIII.

Tout le plumage est d'un beau noir lustré à reflets verts, pourpres et violets.

Il vole par troupes nombreuses, se nourrit de limaces, de vermisseaux, de scarabées, de diverses graines, de baies de sureau, d'olives, de cerises et de raisin.

La saison des amours commence avec le printemps; les mâles se disputent les femelles avec acharnement, et celles-

1. Etourneau.   2. Huppe.

ci appartiennent aux vainqueurs. C'est alors que les mâles font entendre leur chant, qui est un gazouillement continuel. Ils ont un autre cri qui marque l'inquiétude, c'est un sifflement long et aigu. Les couples, ainsi formés, s'emparent d'un nid de pic-vert, ou déposent leurs œufs dans les colombiers, sous les toits des maisons ou dans les crevasses de rochers; ils disposent négligemment leurs nids avec quelques brins de paille, d'herbes ou de foin, et quelques plumes dans l'intérieur. La femelle pond quatre œufs d'un bleu verdâtre, de la grosseur de ceux de la grive. Le mâle partage avec elle les soins de l'incubation, et les petits ne sortent du nid que lorsqu'ils sont couverts de plumes. Ces oiseaux font chez nous deux couvées par an, mais la seconde est moins nombreuse. Dès qu'ils ont fini leurs couvées, ils se rassemblent en troupes qui ne se séparent plus. Ils passent la nuit dans les marais couverts de roseaux; et, dès l'aurore, faisant entendre tous ensemble leur gazouillement, ils se répandent dans les campagnes, où on les voit se mêler avec les grives, les choucas et les corneilles.

Ils se plaisent dans les prairies parmi les troupeaux de bœufs et de moutons. Dans les contrées méridionales de la France, ces oiseaux causent de grands dégâts dans les vignes et dans les figuiers, dont ils mangent les fruits; mais en revanche ils sont utiles à l'agriculture dans ces mêmes pays où ils font la chasse aux insectes rongeurs.

Leur chair est généralement sèche, dure et d'un goût amer; cependant elle est moins mauvaise dans les individus qui mangent des raisins et des figues. On assure que si on veut rendre leur chair plus tendre, il faut, aussitôt qu'on les a tués, leur arracher la langue ou les saigner au cou.

Cet oiseau, pris dans le nid trois ou quatre jours après sa naissance, est susceptible d'être apprivoisé. Il apprend

alors avec facilité à parler et siffler même des airs de sé-
rinette. Il faut beaucoup de soins pour parvenir à l'élever.
On le tient ordinairement dans une boîte garnie de mousse
que l'on renouvelle tous les jours, car la propreté est un des
soins les plus essentiels. La première nourriture que l'on
lui donne est du cœur de mouton haché par petits morceaux, ressemblant à des chenilles ; on les lui présente avec
un petit bâton. On lui donne, lorsqu'il mange seul, une
pâte préparée comme pour les rossignols. Dans le premier
âge, les deux sexes portent une livrée si semblable qu'il est
presque impossible de les distinguer. Cependant les mâles,
étant seuls capables d'instruction, sont aussi les plus re-
cherchés, et les oiseleurs les reconnaissent à une tache
noire qu'ils ont sous la langue.

On met à profit l'habitude qu'ont ces oiseaux de se rassembler dans les endroits où paissent les bœufs et les vaches,
pour les y chercher et les tuer à coups de fusil. Les amateurs de la vache artificielle peuvent utilement s'en servir
dans cette occasion. Ils y trouveront d'autant plus d'avantages, que les étourneaux ne fuient pas au premier coup de
fusil si l'on a abattu quelqu'un des leurs ; mais, au contraire,
ils se rassemblent, voltigent en tourbillon autour du mort,
et se présentent encore mieux au second coup que l'on peut
tirer sur eux ; d'ailleurs, ils ne sont pas méfians.

On leur tend des collets que l'on amorce avec des raisins.

On les prend avec des filets contre-maillés, assez semblables à la pantière, et que l'on tend sur leur passage ou
auprès des abreuvoirs où ils vont se désaltérer.

En Hollande, on tend ces filets auprès des marais fréquentés par ces oiseaux ; on les suspend à des perches
plantées verticalement. Quand la nuit est venue, on place
derrière ces pantières des lanternes dans lesquelles brûle une
chandelle. Plusieurs personnes battent les joncs avec des
gaules et forcent les étourneaux à fuir. Ceux-ci, étourdis par

le bruit, volent du côté de la lumière, et vont donner dans les filets où on les prend par centaines. On peut pratiquer cette chasse en France dans les endroits où les localités sont convenables.

On chasse les jeunes, depuis la Saint-Jean jusqu'à la mi-août, avec des nappes à alouettes ; on tend également ces filets à l'époque des passages. Dans l'un et l'autre cas, il faut avoir des appelans que l'on laisse jeuner pour les rendre plus criards. On choisit, pour tendre ces nappes, des prairies humides, les environs des abreuvoirs, des terres ensemencées et de quelques buissons. Plus le temps est sec, plus cette chasse offre de chances de succès, parce qu'alors les étourneaux viennent en foule dans les lieux humides.

Comme on sait que ces oiseaux sont toujours en bandes nombreuses vers la fin de l'été, et qu'ils s'appellent mutuellement, on s'amuse à leur faire la chasse suivante : si l'on a pu se procurer deux ou trois de ces oiseaux vivans, on leur attache aux pattes une ficelle longue d'une dizaine de pieds, et engluée jusqu'à environ trois à quatre pieds du bout qui est lié à la patte. Ensuite, si l'on aperçoit une bande d'étourneaux, on s'en approche le plus possible, et on lâche un des prisonniers qui va rejoindre la troupe. En voltigeant parmi eux, il ne manque pas d'en engluer plusieurs qui ne peuvent plus s'envoler, et qui se débattent de différens côtés. Alors, ayant à la main une longue branche garnie de ses petits rameaux et de ses feuilles, on accourt auprès de ces oiseaux, et on achève de s'en rendre maître en les étourdissant, s'il est nécessaire, par quelques coups de la branche dont on est armé. Si on lâche ainsi plusieurs étourneaux, on ne manquera pas d'en prendre une bonne quantité.

Des hirondelles.

On rencontre en France plusieurs espèces d'hirondelles.

L'hirondelle de cheminée, hirundo rustica, connue encore sous le nom *d'hirondelle domestique*, a de longueur totale six pouces et demi.

Elle arrive la première au commencement du printemps et nous quitte en octobre. Cette espèce fait deux pontes par an ; la première de cinq œufs, et la seconde de trois, ordinairement blancs et quelquefois tachetés ; elle fait tous les ans un nouveau nid qu'elle place au-dessus de l'ancien quand elle le peut, sinon à côté.

L'hirondelle de fenêtre ou *à croupion blanc, hirundo urbica.* Longueur totale, cinq pouces et demi.

Cette espèce arrive huit ou dix jours après la première ; elle place de préférence son nid aux fenêtres qui regardent la campagne ; elle fait deux et trois pontes par an ; la première est de cinq œufs blancs, la seconde de trois à quatre, et la troisième de deux à trois.

L'hirondelle grise des rochers, hirundo montana, a cinq pouces et demi de longueur totale.

Cette espèce, qui niche sur les montagnes, se montre du printemps au mois d'août dans celles du Dauphiné et de l'Auvergne et aux environs de Lyon.

L'hirondelle de rivage, hirundo cinerea, est la plus petite de toutes ; sa longueur est de quatre pouces neuf lignes.

Cette espèce arrive un peu plus tard que l'hirondelle de fenêtre, et part un peu plus tôt ; elle fait son nid dans des trous de muraille, d'arbre ou en terre, qu'elle creuse à cet effet ; elle met moins d'art que les autres dans la confection de son nid. La femelle y dépose cinq à six œufs blancs, demi-transparens et sans taches.

Les hirondelles sont regardées comme les amis de l'homme ; en effet, elles nous rendent des services infinis en détruisant une multitude d'insectes rongeurs dont elles font leur nourriture. Quand le temps est serein, on les voit se jouer dans l'air et y saisir tous les insectes ailés qu'elles y rencontrent; avant et après la pluie, elles rasent la terre pour y chercher ces mêmes insectes qui se retirent sous les feuilles des plantes. Long-temps la superstition les a protégées, et même encore, en Lorraine, on leur accorde une protection particulière.

Malgré tous les titres que cette innocente famille a à notre reconnaissance, on voit cependant l'homme oublier ses bienfaits et exercer sur elle son adresse fatale.

En automne, leur chair, devenue grasse, offre la délicatesse de celle de l'ortolan; c'est aussi l'époque que l'on choisit pour leur faire la chasse. On tue les hirondelles à coups de fusil, mais plutôt pour s'habituer à atteindre un but inconstant et mobile que pour la valeur de l'oiseau.

On tend encore contre elles une grande nappe que l'on étend, au crépuscule du soir, sur les joncs et roseaux des marais où ces oiseaux passent la nuit. Le lendemain on en trouve un grand nombre noyé sous le filet. C'est à regret que nous indiquons les moyens de les détruire; nous terminerons cet article en demandant grâce pour ces utiles oiseaux.

Des martinets.

Le *martinet noir*, *hirundo apus*, a de longueur sept pouces trois quarts.

Il paraît en France dès le mois d'avril, et la quitte à la fin de juillet. Il recherche toujours son ancien nid, et quelquefois il s'empare de ceux des moineaux qu'il rajuste à sa façon. La femelle ne fait qu'une ponte composée de cinq œufs blancs, pointus et de forme très-alongée. Cette espèce n'a point de ramage; on a remarqué qu'elle faisait entendre deux cris, l'un qui exprime l'amour, et l'autre, qui est le plus ordinaire, est aigu; ces oiseaux le poussent souvent en volant.

Le *martinet à ventre blanc, hirundo melba*. Longueur totale, huit pouces et demi.

Cet oiseau, plus gros que le précédent, est beaucoup moins commun en France; il y paraît aux mêmes époques, mais il couve dans la Savoie et dans la Suisse.

Les martinets, de même que les hirondelles, se nourrissent d'insectes ailés et sont par conséquent très-utiles pour la conservation des richesses agricoles. Ils n'ont que deux manières de vivre, ou dans un mouvement continuel, ou dans un repos absolu. Ils sont encore plus propres que les hirondelles, à habiter l'immensité de l'air, leur vol est plus rapide et plus facile. Jamais ils ne se posent à terre d'eux-mêmes; et s'ils y tombent par accident, c'est avec la plus grande difficulté qu'ils parviennent à s'élever. Cette difficulté provient de la conformation de leurs pieds qui sont très-courts et dont les ongles sont très-crochus; ce qui fait que, lorsqu'ils sont posés, le talon touche à terre, et qu'ils ont l'air d'être couchés sur le ventre.

Malgré la rapidité de leur vol, ils ne sont pas à l'abri de la poursuite des hommes. Ce n'est cependant pas la délicatesse de leur chair qui peut servir de prétexte à leur faire la chasse, car ils sont presque toujours maigres pendant leur séjour en France.

On les tue à coups de fusil, et pour cela il faut les ajuster lorsqu'ils volent droit vers soi. Mais, comme leur vol est plus élevé que celui des hirondelles, il faut se mettre à portée de les atteindre; à cet effet, on monte sur un clocher ou une tour élevée, aux environs desquels on en voit toujours. On les attire d'ailleurs sous ses coups en attachant à l'extrémité d'une perche un mouchoir blanc que le vent agite; ces oiseaux ne manquent pas de voltiger autour de cet objet qui frappe leur vue, et l'on trouve alors de fréquentes occasions de tirer.

En plaine, on les chasse également à coups de fusil, et on les attire en jetant à plusieurs reprises son chapeau en l'air, ou en abandonnant aux vents quelques plumes légères que ces oiseaux recherchent pour faire leur nid, et qu'ils sont obligés de saisir dans l'air, puisqu'ils ne peuvent les prendre à terre.

Avec des hameçons petits et garnis d'une plume de duvet, on s'amuse encore quelquefois à en prendre, en plaçant ces hameçons sur les tours ou les clochers et les éloignant un peu du bâtiment de manière à rendre la plume plus visible.

Ces oiseaux, comme les hirondelles, méritent notre protection; et, loin de chercher à leur nuire, il serait à désirer qu'ils fissent dans nos contrées un plus long séjour pour prolonger la guerre aux insectes destructeurs.

De l'engoulevent.

L'engoulevent, *caprimulgus europæus*, est de la grosseur d'un merle; il a dix pouces et demi de longueur. On le voit fig. 5, pl. XLV, page 45. On lui a donné plusieurs noms, tels que *tette-chèvre*, qui lui vient de ce qu'il était regardé comme tétant les chèvres, et faisant tarir leur lait, parce qu'on le voit fréquenter les lieux où sont parqués ces animaux, pour faire la chasse aux insectes ailés qu'ils attirent; *crapaud-volant*, parce qu'il pousse un cri qui imite celui du *crapaud*; *chauche-branche*, parce que, lorsqu'il fait entendre ce cri, il est toujours perché sur une branche qu'il semble cocher comme le coq fait la poule; enfin son habitude de faire la chasse aux insectes ailés lui a valu le nom d'*hirondelle à queue carrée*, pour le distinguer de ces oiseaux qui l'ont fourchue.

C'est un oiseau passager qui paraît au printemps et disparaît en automne ; ce dernier passage est le plus nombreux. Il est en tout autre temps solitaire, rarement on en voit deux ensemble. Il fait entendre, en volant, un bourdonnement que l'on attribue à l'air qui s'engouffre dans son large gosier, car il vole toujours le bec ouvert. Il fréquente les montagnes et les plaines ; et se cache pendant le jour sous un buisson ou dans les jeunes taillis, où il est difficile de le découvrir.

Étant demi-nocturne, il ne quitte sa retraite que pendant le crépuscule, à moins que le temps ne soit sombre ; la grande clarté l'éblouit ; et si on le fait partir pendant le jour, son vol est incertain, tandis qu'il est vif et assuré aux crépuscules. C'est alors qu'il poursuit avec ardeur les insectes ailés dont il compose sa nourriture ; il vit aussi de guêpes, de scarabées et de phalènes de nuit. Il n'a pas besoin de fermer le bec pour retenir sa proie, elle l'est suffisamment par une matière visqueuse qui en enduit l'intérieur.

La femelle pond deux ou trois œufs, plus gros que ceux du merle, de forme oblongue, blancs et marbrés de points noirâtres.

On dit la chair de l'engoulevent, peu connu comme gibier, grasse et de bon goût en août et septembre. C'est aussi cette époque que l'on choisit pour lui faire la chasse au fusil. Mais cet oiseau, que l'on ne voit qu'aux crépuscules, est difficile à tirer par rapport aux crochets qu'il fait sans cesse pour atteindre les insectes ailés ; il est d'ailleurs méfiant et d'une approche difficile. Il faut toujours le chercher le long des lisières des bois et taillis. Une habitude qui lui est propre est de tourner plusieurs fois autour d'un arbre en poursuivant sa proie, et de s'abattre sur l'arbre et de se relever aussitôt avec la plus grande vivacité ; ce n'est pas dans ce moment qu'il faut chercher à le tirer, parce qu'il est alors assez difficile de réussir; il vaut mieux se mettre à l'affût et saisir l'instant où dans ses allées et venues il passe à portée du coup.

En barrant les avenues des bois avec un rafle que l'on tend un peu avant la nuit, on réussit quelquefois à en prendre, mais en général cet oiseau n'est pas assez commun pour que sa chasse soit avantageuse ; et, dans tous les cas, les services qu'il rend à l'agriculture intercèdent en sa faveur.

Des gobe-mouches.

Le *gobe-mouche commun*, *muscicapa grisola*, a cinq pouces trois quarts de longueur totale.

C'est au printemps que cet oiseau arrive en France qu'il quitte aux premiers froids. Il se nourrit d'insectes qu'il saisit au vol et dont il est grand destructeur. Cette espèce place indistinctement son nid sur les arbres ou sur les buissons ; elle le cache fort peu et le construit négligemment avec de la mousse, du poil et de la laine ; la femelle y dépose quatre ou cinq œufs blancs, tachetés de rougeâtre, et l'incubation a lieu en commun par le mâle et la femelle.

Le *gobe-mouche noir à collier*, *muscicapa atricapilla*, est remarquable par le collier blanc qui tranche sur le noir qui couvre son cou.

Quelques naturalistes reconnaissent une seconde espèce de *gobe-mouche noir* qu'ils désignent sous le nom de *gobe-mouche noir* ou *traquet d'Angleterre*. Ce gobe-mouche diffère du premier par l'absence totale de collier, que l'on retrouve toujours dans l'autre espèce, malgré qu'il soit très-peu visible en tout autre temps que l'été. Du reste, ces oiseaux ont beaucoup de caractères semblables qui peuvent engager à les confondre. Ils font tous deux leurs nids dans un trou d'arbre, et les œufs, qui varient de quatre à six, sont : ceux du gobe-mouche noir à collier, d'un vert bleuâtre taché de brun, et ceux du gobe-mouche noir, verdâtres et ondés de brun.

Ces oiseaux sont connus en Lorraine sous le nom de *mû-rier* et de *pinson des bois*, et dans le midi de la France sous celui de *bec-figue*.

Ils parcourent du printemps à l'automne les diverses contrées de la France; on les trouve plus abondamment aux environs de Montpellier et de Lyon, et dans la Lorraine.

Ces gobe-mouches, que la nature semble avoir fait naître pour nous débarrasser des insectes ailés qui causent tant de ravages parmi les fruits et les moissons, sont inté-ressans sous ce rapport, et on doit veiller à leur conserva-tion; car plus on les détruit, et plus on voit s'augmenter ces légions de mouches, fléau des cérérales qu'elles in-fectent jusque dans nos greniers.

La meilleure manière de prendre ces oiseaux est au moyen des gluaux et de la chouette. C'est généralement la chasse qui offre le plus d'avantages contre les insectivores. On en prend aussi quelques-uns à la chasse au brai en frouant ou en se servant d'une chouette. Ils donnent égale-ment aux pipées précoces, c'est-à-dire à celles que l'on fait en août (*voyez*, au reste, à la *Chasse des fauvettes*); tous les moyens qu'on y emploie peuvent réussir contre les gobe-mouches.

Des grives et du merle.

L'histoire naturelle de ces oiseaux a été indiquée dans le *Traité général des Chasses*; on y a fait connaître les quatre espèces de grives; savoir : la *grive proprement dite*, repré-sentée fig. 3, pl. XLVIII, page 53, le *mauvis*, la *litorne* et la *draine*. La fig. 2 de la planche ci-dessus est celle du merle.

Les collets sont les piéges les plus meurtriers pour les grives; cependant ils réussissent infiniment mieux contre les grives proprement dites et les mauvis que contre les deux autres espèces. On les place autour des genièvres, sous les alisiers, dans le voisinage des mares ou fontaines; et à l'époque des passages, il n'est pas rare d'en prendre ainsi plusieurs douzaines dans un seul jour. On en place encore aux environs des haies, et on a soin de les amorcer avec différentes espèces de baies, et notamment celles dont ces oiseaux sont plus friands, telles que celles du gui.

Le lacet s'emploie utilement pour prendre les mères sur le nid; mais cette chasse qui ne se fait qu'au printemps est destructive, en ce que les œufs n'éclosent pas si on les prive de leur couveuse. Malgré que le trop grand nombre de grives soit nuisible, principalement aux vendanges, on a assez d'autres moyens de les prendre, quand elles en valent la peine comme gibier, pour ne pas employer ce dernier.

Les collets à ressort et les raquettes, sont encore des piéges productifs; et c'est toujours des habitudes de ces oiseaux que résulte le choix des lieux les plus favorables à leur placement. Les mauvis et litornes, qui, pendant l'arrière-saison, fréquentent en troupes assez nombreuses les prairies et les lieux humides situés sur la lisière des bois qu'ils habitent, sont souvent victimes des nombreux collets de toutes les espèces que l'on multiplie sur ces terrains.

Les genièvres, lentisques, pouillots, sorbes, le myrte, le lierre, sont autant d'amorces que l'on conserve pour l'hiver, afin d'attirer les grives vers les piéges que l'on leur tend.

La pipée est la chasse la plus productive, surtout les pipées tardives qui ont lieu à l'époque des passages,

Les merles, extrêmement méfians, donnent cependant dans tous les piéges, pourvu que le chasseur y mette un peu d'adresse, et surtout qu'il ne se montre pas.

On en prend beaucoup avec le rafle et une torche allumée pendant les mois d'octobre, novembre et décembre. On s'y prend de la manière que nous avons indiquée au tome Ier, page 185, en parlant des chasses de nuit aux petits oiseaux. On bat alors toutes les haies ou les buissons, lieux que le merle choisit pour passer la nuit. On prend également des grives de cette manière.

On fait encore cette chasse sans lumière, alors elle a lieu à la brune. On tend, à l'extrémité d'une haie, un rafle ou une araignée soutenu par deux perches plantées en terre. On revient ensuite à l'extrémité opposée de la haie, et on marche vers le filet en frappant çà et là sur la haie. Les merles fuient de branches en branches et arrivent insensiblement au bout. Alors ils sont obligés de s'envoler, et un grand nombre se prend dans le filet.

Toutes les espèces de collets pendus, les rejets et raquettes, sont autant de piéges funestes à ces oiseaux, soit qu'on les tende sur les haies et buissons, soit qu'on les dispose auprès d'un abreuvoir. Les appâts qui conviennent aux grives peuvent aussi être employés contre les merles.

Quelques tendues d'hiver, et notamment les fossettes amorcées convenablement, sont aussi le tombeau des merles.

Enfin la pipée est encore le moyen de prendre beaucoup de ces oiseaux, qui, ardens ennemis de la chouette, y donnent, aussi bien que les grives.

De l'aguassière ou merle d'eau.

L'*aguassière* ou *merle d'eau*, *turdus cinclus*, est un peu plus petit que le merle ordinaire ; sa longueur totale est de sept pouces et demi.

Cet oiseau offre un phénomène particulier ; avec les caractères qui distinguent les oiseaux des bois, l'eau paraît être pour lui un élément aussi naturel que l'air. Il y entre tout entier, s'y promène en tout sens à pas comptés, et gobe les chevrettes et les insectes aquatiques dont il compose, en grande partie, sa nourriture. Ses plumes sont, comme celles des canards, enduites d'une substance huileuse qui empêche l'eau de les pénétrer. Il ne se plaît que sur les hautes montagnes où il habite les bords des ruisseaux, des cascades et des torrens. Il se trouve principalement sur les Pyrénées, les Alpes et les Vosges.

Il se pose sur les pierres entre lesquelles serpentent les ruisseaux ; il vole fort vite en droite ligne, et en rasant la surface de l'eau, comme le martin-pêcheur. Il fait entendre, principalement au printemps, un petit cri en volant. Il vit solitaire, excepté pendant la saison des amours qu'il se montre avec sa femelle. Celle-ci cache son nid avec soin, et le place dans le voisinage des ruisseaux, auprès des usines et souvent même dans les rouages des moulins à eau. La ponte est de quatre à cinq œufs d'un blanc laiteux, longs d'un pouce, d'un diamètre de six lignes au gros bout et se terminant en pointe sensible.

On tue cet oiseau avec le fusil, en le cherchant le long des eaux vives et courantes, dont la chute est rapide, et le lit couvert de graviers et entrecoupé de pierres et de rochers.

On peut le prendre encore en tendant, en travers des ruisseaux qu'il fréquente, un hallier de soie de quatre pieds de hauteur, disposé de manière que la partie inférieure touche presque à la surface de l'eau. Il s'y prend quelquefois dans son vol rapide au-dessus de l'eau. Au reste, cet oiseau n'est pas assez commun pour que sa chasse soit très-productive.

Du motteux ou cul blanc.

Le *motteux* cendré ou *vitrec* ou *cul blanc*, *motacilla œnanthe*, a de longueur totale cinq pouces dix lignes. Il est représenté, fig. 1re, pl. LII, page 81.

Cette espèce ne passe que la belle saison en France; on la rencontre dans les terres fraîchement labourées, toujours posée sur des mottes; ce qui lui a valu le nom de *motteux*, comme celui de *cul blanc* lui vient des parties blanches que cet oiseau découvre en volant. Elle se nourrit des insectes et vermisseaux qu'elle trouve dans les sillons.

Elle ne fait qu'une couvée au printemps; alors elle se retire dans les friches et jachères, principalement sur les collines, les plate-formes pierreuses des montagnes, et généralement les endroits arides; elle voltige de pierre en pierre en faisant la chasse aux insectes; on la voit toujours à terre. Elle place son nid sur une motte de gazon, dans des pierres, et dans de petits murs en mauvais état; il est fait avec soin. La ponte est de quatre à cinq œufs; de forme alongée et d'un pâle bleu ondé. La femelle couve avec beaucoup d'ardeur; le mâle la remplace vers le milieu du jour et lui apporte souvent des mouches et autres insectes. Il veille sans cesse à la conservation de sa couvée; et, au moindre danger, il fait entendre son cri d'alarme qui exprime à peu près les syllabes *titreu, titreu.* Après la couvée, ces oiseaux regagnent les terres labourées, et partent pour le sud vers la fin de septembre et le commencement d'octobre.

On leur donne encore les noms de *tourne-mottes, brise-mottes* et *terrassons,* qui résultent de leurs habitudes de se tenir à terre.

L'extrême mobilité de ces oiseaux les rend difficiles à approcher; et, comme ils sont presque toujours seuls, la chasse au fusil présente trop peu d'avantages. Vers l'automne, leur chair, devenue grasse, a beaucoup de délicatesse, et c'est alors qu'on leur tend des collets avec succès.

La méthode qui réussit le mieux est de pratiquer un sillon en enlevant le gazon, qu'on relève de chaque côté, et on garnit la tranchée de collets traînans.

On en prend encore aux gluaux en en semant çà et là sur les mottes de gazon et de terre, et en les plaçant sur des piquets qui s'élèvent d'environ dix-huit pouces.

Du reste, nous ne devons pas regretter de n'avoir que peu de moyens de destruction à employer contre ces oiseaux, puisqu'ils sont utiles à l'agriculture, en faisant la chasse aux insectes et vermisseaux qui rongent les récoltes.

Du tarier.

Le tarier, *sylvia ruberta*, a de longueur totale quatre pouces six à sept lignes.

Cet oiseau se plaît dans les prés, sur les penchans des montagnes, dans les luzernes et les prairies; il se tient le plus souvent à terre, se pose sur les taupinières, et voltige sur les plantes et les buissons d'où il fait entendre son chant; après la récolte des foins, il se retire dans les terres en friche sur la lisière des bois.

Au printemps seulement, et lorsqu'il cherche une compagne, on le voit voler à la cime des arbres; mais une fois son choix fait, il reprend ses habitudes. Il fait son nid à terre, auprès d'une touffe d'herbes, dans une ornière ou auprès d'une taupinière; il est construit avec soin, et la femelle y dépose quatre ou cinq œufs d'un vert bleuâtre, avec quelques petites taches au gros bout. Cette espèce fait deux ou trois couvées par an.

Elle ne passe pas l'hiver dans nos contrées; elle n'y

paraît qu'au printemps et nous quitte à l'automne, époque
où sa chair est si grasse et si délicate, qu'on la nomme *ortolan* dans quelques provinces.

Les insectes, les vers et les mouches composent principalement sa nourriture.

Les moyens indiqués pour prendre les motteux, peuvent
être employés contre les tariers. On réussit cependant à
en prendre encore au moyen de la chouette et des gluaux,
ainsi qu'en garnissant de ces derniers les plantes basses et
les petits buissons.

Du traquet.

Le *traquet*, *sylvia rubicola*, a de longueur environ
quatre pouces.

Cet oiseau se plaît sur les terrains secs, arides et en
pente, et dans les landes et les bruyères. On le voit voltiger
sans cesse de buisson en buisson, ne se perchant qu'à
l'extrémité des branches les plus élevées des haies et
arbrisseaux, et exécutant tous ces mouvemens avec une
agilité extraordinaire; même posé, il ne cesse d'agiter les
ailes et de remuer la queue; c'est, dit Belon, ce qui lui a
valu le nom de *traquet*. Il est remarquable aussi par son
cri, *ouistrata*, qu'il fait entendre à chaque instant, surtout
quand il témoigne de l'inquiétude.

Il voyage seul et arrive ainsi au printemps; excepté
pendant la saison des amours, il vit solitaire. Il nous
quitte à l'automne, plus ou moins tard, suivant l'état de
la température; à cette époque, sa chair est très-grasse et
vaut celle du bec-figue.

Chaque couple place son nid au pied d'un buisson, sous
les racines ou sous une pierre, et quelquefois assez avant
en terre. La ponte est de cinq à six œufs d'un blanc verdâtre, tachetés légèrement de rouge jaune. Le père et la

mère montrent une grande sollicitude pour leurs petits, qu'ils nourrissent avec des mouches et des vers. Lorsque le mâle porte à manger à sa femelle, il fait beaucoup de détours avant d'arriver à son nid, et a recours à toutes les ruses pour ne pas indiquer où se trouve sa famille.

L'habitude qu'ont ces oiseaux de voltiger sans cesse sur les jeunes plantes et les buissons, fait qu'on leur tend avec avantage des gluaux, que l'on plante sur leurs branches les plus élevées.

On en tend encore sur des piquets que l'on plante çà et là dans les lieux où ils se plaisent, et ce moyen réussit assez bien. Enfin la chasse à la chouette et aux gluaux présente aussi beaucoup d'avantages.

Des hochequeues.

Nous connaissons en France trois espèces de hochequeues.

La *lavandière, motacilla alba,* a de longueur totale près de sept pouces. La femelle est un peu moins grosse.

Cette espèce arrive en France en mars ; elle nous quitte en automne. C'est ordinairement vers le mois d'octobre que, réunie en troupes nombreuses, on l'entend passer en l'air, quelquefois fort haut, et se réclamant sans cesse. La lavandière place son nid à terre, sous une motte de gazon, et souvent au bord de l'eau. Elle fait ordinairement deux couvées par an. La ponte est de quatre à six œufs d'un blanc bleuâtre, tachetés de brun. Le mâle soulage sa femelle des soins de l'incubation ; l'un et l'autre montrent une tendresse extrême pour leurs petits, qu'ils défendent avec courage, et par toutes les ruses que ce sentiment peut leur inspirer. Ils nourrissent encore leurs petits trois semaines environ après qu'ils sont en état de voler. Ils font

alors une guerre active aux insectes ailés et aux vermisseaux de terre ; ils recherchent aussi les œufs de fourmis.

Cette espèce se plaît sur les bords de l'eau ; peu farouche, elle approche quelquefois des laveuses, et on lui a
donné le nom de *lavandière*, parce qu'il semble qu'elle
cherche par le mouvement de sa queue à imiter les blan-
chisseuses qui battent leur linge ; elle court légèrement
sur la grève, quelquefois dans l'eau, et se pose sur les
pierres et les petites élévations. Elle fait entendre, pendant
ses ébats, un cri fort clair, semblable aux syllabes *guit,
guit*; en volant, la queue est épanouie, et a un mouvement horizontal ; à terre, il a lieu de bas en haut.

En automne, elle se répand dans les champs en troupes
nombreuses, et le soir elle se retire dans les saules qui
bordent les canaux et rivières. Toutes les lavandières ne
nous quittent pas en automne, et on en voit encore quelques-unes pendant l'hiver.

La *bergeronnette jaune*, *motacilla boarula*, a de
longueur totale sept pouces passés ; la queue seule en a
près de quatre.

Cette espèce paraît dans nos contrées à la fin de l'automne ; elle y passe l'hiver et nous quitte au printemps. On
en rencontre rarement deux ensemble. Elle niche en Allemagne, fait son nid dans les tas de pierres ou dans un trou
en terre. Sa ponte est de cinq à six œufs d'un blanc sale,
tachetés vers le gros bout, de couleur de chair sombre et
clair. Elle fréquente les prairies, les endroits marécageux
et les bords des ruisseaux et rivières. Quand les eaux sont
gelées, elle s'approche des habitations et vient même quelquefois chercher sa nourriture dans les villes et villages.

La *bergeronnette de printemps*, *motacilla flava*, se
distingue de la lavandière et de la bergeronnette jaune, par

la forme de l'ongle postérieur, qui est presque droit et long, tandis que, dans les deux autres espèces, il est court et courbé.

Cette espèce est la première qui paraît au printemps, et la dernière qui nous quitte à l'automne ; cependant il en reste encore pendant l'hiver, et surtout dans le midi de la France.

Elle fait son nid dans les prairies et quelquefois au bord de l'eau, sous une racine d'arbre. Sa ponte est de six à huit œufs arrondis, d'un blanc sale, nuancé de vert olive, de brun clair et de couleur de chair. Le mâle partage avec sa femelle le travail de l'incubation.

En automne, on voit ces bergeronnettes, réunies en bandes nombreuses, fréquenter de préférence les terrains élevés et les terres labourées ; elles sont assez souvent à la suite des troupeaux, ce qui leur a valu leur nom. A cette époque, leur chair acquiert beaucoup de délicatesse.

La bergeronnette meurt dès qu'on la prive de sa liberté. Si on veut l'élever en cage, il faut la prendre au nid, la soigner comme un rossignol, et lui donner ensuite une cage assez grande ; cependant on ne peut guère espérer de la conserver plus de trois ans.

Ces oiseaux, plus utiles que nuisibles, puisque leur principale nourriture se compose d'insectes ailés et de vermisseaux, ne méritent pas qu'on emploie contre eux tous les piéges qu'on leur tend. Naturellement confians, surtout les lavandières et bergeronnettes de printemps, ils ne fuient point l'homme, aussi donnent-ils assez facilement dans les différens piéges.

Les nappes et miroirs à alouettes sont employés avec succès ; on les tend dans une prairie.

Un abreuvoir dans le voisinage de quelques habitations, principalement de fermes, tendu avec tous les piéges qui conviennent à cette chasse, tels que les gluaux, collets, rejets, etc., procure également un grand nombre de prisonniers. *Voyez Chasse aux abreuvoirs*, tom. Ier, p. 176.

On peut faire cette chasse en tout temps pour les lavandières, mais cependant l'époque la plus favorable est du mois d'août à la fin de septembre.

On les tue à coups de fusil, en les cherchant dans les prairies où paissent les troupeaux. On peut employer pour cette chasse les mêmes procédés que pour celle aux étourneaux. *Voyez* également l'article *Étourneau*, pour la chasse aux filets qu'on fait à ce dernier le long des marécages, et dans laquelle on prend beaucoup de lavandières.

Quant à la bergeronnette jaune, on la prend aux tendues d'hiver disposées autour des habitations.

Des fauvettes.

Aussitôt que la verdure annonce le retour du printemps, la nombreuse famille des fauvettes vient animer nos campagnes. Les unes se fixent dans les jardins et bosquets, d'autres, sur la lisière ou dans l'épaisseur des bois, quelques-unes enfin s'établissent dans les marécages, et toutes animent les lieux qu'elles habitent, par leur chant, leur vivacité et leurs ébats amoureux.

Elles quittent toutes, excepté la fauvette d'hiver, nos contrées, à l'approche de la saison des frimas, qui détruisent les myriades d'insectes dont elles font leur nourriture habituelle ; cependant quelques espèces se nourrissent encore de grains, de baies et de fruits ; et celles qui mangent des mûres, des figues et du raisin, deviennent grasses, et sont, dans le midi de la France, confondues avec le bec-figue.

La *fauvette proprement dite ; fauvette grise, sylvia hortensis*, a six pouces de longueur totale.

On trouve cette espèce particulièrement dans la Lorraine, les Ardennes, et quelques autres contrées montueuses de la France, où d'ailleurs elle n'est pas très-commune. Dans quelques endroits, elle habite les lieux humides, et construit son nid dans les roseaux ; dans d'autres, elle préfère les lieux arides près des forêts de pins ; le mâle s'y perche pendant la saison des amours, et fait entendre un chant sonore et agréable.

La femelle pond quatre ou cinq œufs tachetés de brun roux sur un fond blanc.

Fauvette babillarde, sylvia curruca. C'est l'espèce la plus commune ; elle a de longueur totale cinq pouces.

Elle fréquente les bosquets fourrés, les taillis de trois à quatre ans, les endroits les plus épais et solitaires ; le mâle y fait entendre un ramage pareil à celui de la fauvette effarvatte ; son chant non interrompu lui a valu l'épithète de *babillarde.* Cette espèce fait son nid dans les buissons touffus et épineux ; elle le place à trois ou quatre pieds de terre, y met plus de matériaux et lui donne plus de profondeur que les autres espèces. La femelle y dépose quatre ou six œufs blancs, glacés d'un gris très-clair, pointillés d'olivâtre, et noirs sur le milieu, avec des taches de la première couleur, nombreuses et irrégulières vers le gros bout.

La *fauvette cendrée* ou *grisette, sylvia cinerea,* est aussi très-commune.

Les variations de couleur et de taille, que l'on remarque dans cette espèce, avaient porté les ornithologistes à la regarder comme composée de deux races distinctes. En effet, des individus n'ont que cinq pouces de longueur totale, tandis que d'autres ont sept ou huit lignes de plus.

La grisette habite les bosquets, les haies et les broussailles ; elle établit son nid à deux ou trois pieds de terre, dans les buissons, surtout ceux isolés; quelquefois, elle le place dans les champs de pois et de vesces. La ponte est de quatre ou cinq œufs blancs verdâtres, marqués irrégulièrement de petites taches roussâtres claires.

Le mâle chante en volant; on le voit souvent voltiger en ligne directe au-dessus des haies, pirouetter en l'air, retomber en chantant une petite reprise gaie, vive, agréable, qu'il répète sans cesse.

La *fauvette à tête noire*, *sylvia atricapilla*, a de longueur totale cinq pouces cinq à six lignes. Elle est représentée fig. 3, pl. L, page 66.

On remarque dans cette espèce plusieurs variétés, notamment la *fauvette noire et blanche*, dont tout le plumage est varié de ces deux couleurs, et la *fauvette à dos noir*.

Le mâle paraît dans nos campagnes dès les premiers jours d'avril, tandis que la femelle n'arrive que vers le quinze. Ils font presque toujours leurs nids dans les petits buissons d'églantier et d'aube-épine, à deux ou trois pieds de terre, sur le bord des chemins, dans les haies, sur la lisière des bois, et souvent dans l'intérieur. La ponte est de quatre ou cinq œufs d'un fond marron clair, tacheté de brun. On assure que la femelle les abandonne si on y touche. Cette espèce est, de toutes les fauvettes, celle qui offre l'exemple le plus touchant de l'union conjugal et de l'amour paternel. C'est également celle dont le mâle a le chant le plus agréable, et le plus ressemblant à celui du rossignol; aussi on le recherche davantage pour le conserver en cage.

On préfère généralement, dans ce cas, les jeunes, pris aux abreuvoirs, vers les mois d'août et de septembre. Pour les habituer à l'esclavage, on leur lie l'extrémité des ailes, et on les nourrit comme le rossignol. Si l'on veut élever des petits, il faut les prendre au nid, huit ou neuf jours après leur naissance; on les nourrit comme les jeunes rossignols; Il faut surtout les tenir très-proprement sur de la mousse sèche, renouvelée deux fois par jour.

Pendant l'hiver, il faut tenir la cage dans une chambre où il ne gèle point. On a remarqué que le chant de cette fauvette était susceptible de se perfectionner, si on la tient à portée d'entendre le rossignol.

Les fauvettes prisonnières sont très-agitées pendant la nuit, et surtout au clair de lune, à l'époque du passage d'automne. Beaucoup périssent alors. Cette inquiétude extraordinaire dure pendant tout le mois d'octobre, et ne recommence que l'année suivante, à la même époque. Elles vivent ordinairement cinq ou six ans en captivité, et montrent beaucoup d'attachement à la personne qui les soigne.

On prétend qu'on parvient à les faire nicher en captivité, en les tenant, pendant l'été, dans un jardin, et garnissant la volière d'arbustes toujours verts.

La *fauvette bretonne, œdonie, sylvia passerina*, a cinq pouces trois ou quatre lignes de longueur.

Cette espèce arrive chez nous plus tard que les autres ; elle se tient dans les taillis, les bosquets et les vergers, souvent même dans les jardins au sein des villes, lorsqu'elle y trouve quelque charmille ou arbre élevé. Elle construit son nid, presque à découvert, dans les charmilles et les grands arbrisseaux ; la ponte est de quatre œufs marbrés de deux nuances brunes sur un fond d'un blanc sombre et pâle.

La voix du mâle a moins d'éclat que celle de la fauvette à tête noire, mais elle est aussi mélodieuse et peut-être plus variée.

La *fauvette des Alpes* ou le *pégot, motacilla Alpina*, est peu intéressante sous le rapport de la chasse. D'abord, elle habite continuellement le sommet des hautes montagnes des Alpes et des Pyrénées, qu'elle n'abandonne que lorsque quelque tourmente la chasse dans les vallées, pendant l'hiver, où on la prend comme l'on veut. Sa longueur est de près de sept pouces.

La *fauvette d'hiver* ou *mouchet*, *sylvia modularis*, a de longueur totale un peu plus de cinq pouces.

Cette espèce est sédentaire en France. Elle habite, pendant la belle saison, les bois, les bosquets, les haies, où elle cherche les insectes; à l'automne, elle se rapproche des habitations, et, pendant l'hiver, elle se nourrit de grains.

Dès les premiers jours de mars, les couples s'occupent d'établir leur nid, qu'ils placent dans un endroit caché, à une médiocre hauteur. La ponte est de quatre ou cinq œufs d'un joli bleu clair uniforme. La femelle n'abandonne pas ses œufs, quoiqu'on les touche. Le mâle chante auprès d'elle; son ramage est faible, plaintif et peu varié, mais il le fait entendre aussi en hiver. Il partage les soins de l'incubation.

On élève facilement les petits pris dans le nid, ou les jeunes pris aux filets.

Cette espèce est répandue par toute la France; on l'y connaît encore sous les noms de *traîne-buisson* et de *gratte-paille*.

Fauvette effarvatte, *sylvia strepera*, est une des plus communes, et paraît avoir été confondue avec la fauvette des roseaux de Buffon. Longueur totale, quatre pouces six à sept lignes, et quelquefois cinq lignes.

Cette espèce se plaît sur le bord des rivières, des lacs et des étangs; elle aime les roseaux et les lieux arrosés où croissent ces plantes; on voit cette fauvette en saisir les tiges et les parcourir en sautillant. Elle y fait son nid, et l'établit ordinairement à un pied de l'eau; la femelle y dépose quatre ou cinq œufs verdâtres, tachetés irrégulièrement de vert olive, les taches se touchent vers le gros bout. Il est remarquable que ce nid est attaché à plusieurs roseaux qui le soutiennent en l'air. On prétend même que, par le moyen de trois ou quatre anneaux assez lâches, et composés de mousse et de crin, il peut s'élever et se baisser, suivant la hauteur de l'eau. Mais il y a de l'exagération ; ces nids ne sont suceptibles de s'élever que de deux ou trois pouces, par rapport aux nœuds des roseaux, et sont submergés si les eaux montent davantage.

Le mâle fait entendre un chant qui semble exprimer les syllabes *tran, tran, tran,* répétées plusieurs fois. C'est sans doute ce qui lui a valu le nom de *trantran* dans les Vosges. Il chante le jour et pendant les nuits calmes.

On nomme encore cette espèce *petite rousserolle.*

On signale quelques autres espèces de fauvettes, mais il règne peu d'accord à leur égard. Au surplus, ces fauvettes sont, les unes assez rares, comme la *rousseline,* et la *fauvette des marais;* les autres sont regardées par quelques naturalistes comme des variétés, telles que la *fauvette des roseaux,* et d'autres enfin ne paraissent que dans quelques provinces, comme le *pitchou* et la *bouscarle,* qu'on ne connaît qu'en Provence et dans le Languedoc; elles sont peu intéressantes pour l'objet qui nous occupe. Dailleurs, ayant ou les habitudes de nos fauvettes des bois, ou celles de l'effarvatte, elles sont victimes des mêmes piéges que les espèces que nous avons désignées plus haut.

La chasse qui réussit le mieux pour prendre les fauvettes, est avec des appelans et des gluaux, soit en plantant quelques perches, que l'on garnit de gluaux, et auxquelles on suspend une cage d'appelant, soit en couvrant de gluaux la cage elle-même. Quand les cerisiers sont chargés de fruits, on peut encore en prendre avec ces mêmes gluaux.

On se sert aussi des collets; mais c'est dommage de les employer contre ces oiseaux.

On les prend facilement aussi aux abreuvoirs, dans les mois d'août et septembre, toujours avec des gluaux.

Enfin, à la chasse à la chouette ; *voyez* cette Chasse, tome Ier. Elles viennent aussi à la pipée.

Des pouillots.

On connaît quatre espèces de pouillots.

Le *pouillot collybite, sylvia collybita*, a quatre pouces un quart de longueur totale.

Ce pouillot paraît dans nos contrées septentrionales, dès le commencement de mars, et y reste jusqu'en octobre. Il habite non seulement les bocages qui sont sur les bords des grands bois, mais il y pénètre également ; il se tient aussi sur les grands arbres qui avoisinent les habitations rurales.

Cette espèce fait son nid à terre, sous des feuilles tombées, soit dans un vieux trou de taupe, soit dans les crevasses que forment les racines. Le ponte est de quatre à six œufs blancs, marqués de points isolés d'un rouge noirâtre et pourpré, nombreux vers le gros bout.

Pouillot fitis, sylvia fitis. Ce pouillot a la même longueur, et, à très-peu de chose près, le même plumage.

Cette espèce arrive vers la fin de mars ou dans les premiers jours d'avril. Elle place son nid à terre, au pied d'un buisson ou dans une touffe d'herbes ; la ponte est de cinq à sept œufs blancs, marqués de petites taches roussâtres ou violettes, isolées, mais souvent plus nombreuses vers le gros bout.

Ce pouillot a le même cri que le collybite, les naturalistes l'expriment par la syllabe *thuit* ; mais leur ramage diffère ensuite.

Pouillot sylvicole, sylvia silvicola, a de longueur totale quatre pouces deux à quatre lignes.

Ce pouillot arrive vers la fin d'avril ; les mâles précèdent les femelles de quelques jours. Il se tient dans les bois et dans les taillis, et ne fréquente ni les haies ni les buissons. Son chant a quelque analogie avec celui du bruant commun. Il place son nid à terre dans les racines des grands arbres qui portent le plus d'ombrage. La ponte est de cinq à sept œufs blancs, couverts de taches et de points d'un roux foncé, confluens et formant une sorte de couronne vers le gros bout.

Pouillot à ventre jaune, sylvia flavi ventris.

Ce pouillot reste dans nos contrées septentrionales jusqu'à la mi-octobre ; il paraît qu'il passe l'hiver dans nos contrées méridionales. Il habite les bois pendant l'été et les quitte en septembre pour fréquenter les jardins et les bosquets. Son cri ressemble à celui des pouillots collybites et fitis, et exprime la syllabe *thuit*.

Le chant, le nid et les œufs ne sont pas bien connus ; il paraît cependant que cette espèce niche aux environs de Paris.

Tous les pouillots se nourrissent comme les fauvettes, desquelles ils se rapprochent beaucoup par les mœurs et par les habitudes. On les prend de la même manière, et surtout aux chasses aux abreuvoirs, et avec la chouette.

Des rouge-queues.

On trouve en France deux espèces de rouge-queues.

Le *rouge-queue, rossignol de muraille, sylvia phœnicurus*, a de longueur cinq pouces une à trois lignes. Il est représenté fig. 2, pl. LII, p. 81.

Ce rouge-queue arrive dans le commencement d'avril ; il se fixe sur les tours et combles d'édifices, surtout ceux qui ne sont pas habités. Les individus qui se retirent dans les forêts, choisissent les plus épaisses. Son chant est mêlé d'accens tristes, il le fait entendre, surtout le matin et le soir, perché sur les endroits les plus élevés. Son vol est léger; lorsqu'il se pose, il fait entendre un cri qu'il accompagne d'un secouement de queue. Cet oiseau est naturellement craintif et farouche.

Le mâle et la femelle construisent ensemble leur nid, qu'ils placent dans des trous de murs ou de vieux arbres. La ponte est de quatre ou cinq œufs bleus. On croit qu'ils les abandonneraient si on y touchait.

Les jeunes naissent couverts de duvet. En les prenant dans le nid, on peut les élever, en les soignant comme les jeunes rossignols, quoiqu'ils soient encore plus délicats. Mais ceux que l'on prend plus tard se laissent mourir de faim en captivité; ou si, par hasard, ils survivent à la perte de leur liberté, ils sont toujours silencieux et tristes. Les petits sont susceptibles d'éducation, et peuvent perfectionner leur chant en entendant d'autres oiseaux.

Cette espèce se nourrit en liberté de mouches, d'araignées, de chrysalides, de fourmis, de petites baies, de fruits tendres et de figues. Elle part en automne pour se rendre dans des contrées chaudes où elle puisse trouver la même nourriture.

Le *rouge-queue tithys, sylvia tithys.* Le plumage de ce rouge-queue est très-ressemblant à celui du précédent. Longueur, quatre pouces cinq lignes.

Cette espèce place son nid dans les rochers les plus élevés ou sur les solives de la partie la plus haute des églises et vieux châteaux. Son nid est fait avec art, et la femelle y dépose quatre ou cinq œufs d'un beau blanc.

Son ramage est assez agréable. Il jette un cri quand il se pose. On trouve cette espèce en Bourgogne, en Lorraine et dans le Languedoc; mais elle ne paraît jamais aux environs de Paris.

Les deux espèces de rouge-queue que nous venons de signaler, sont assez faciles à confondre. Cependant le rouge-queue, rossignol de muraille, se trouve dans toute la France ; le tithys ne se voit qu'en Bourgogne, en Lorraine où il porte le nom de *rossignol de muraille*, et en Languedoc. Les œufs du premier sont bleus, ceux du tithys sont blancs ; mais le caractère qui les distingue le plus, c'est que le rouge-queue, rossignol de muraille, a la première remige aussi longue que la cinquième, tandis que le tithys l'a plus courte. L'un et l'autre paraissent en avril et partent en octobre.

Les rouge-queues donnent à la pipée ; on leur fait du reste les mêmes chasses qu'aux fauvettes, et c'est celle avec la chouette qui réussit le mieux.

Du rouge-gorge.

Le *rouge-gorge, sylvia rubecula.* Longueur totale, cinq pouces neuf lignes ; grosseur du rossignol. Il est représenté fig. 1re, pl. LI, page 68.

L'espèce du rouge-gorge est répandue dans toute l'Europe ; une partie voyage, une autre est sédentaire. D'un naturel solitaire, le rouge-gorge voyage seul ; il habite pendant l'été, les bois épais et les lieux humides. Il s'approche, pendant l'hiver, des habitations, et se tient alors dans les haies, les jardins et les vergers où il chante agréablement. Il devient moins sauvage à mesure que le temps devient plus rigoureux ; et, lorsque la neige couvre la terre, il cherche à pénétrer dans les maisons, et s'y tient jusqu'au printemps.

Pendant cette saison, époque du retour des voyageurs, l'espèce paraît bien plus nombreuse ; on la voit en quantité dans les bois et les vergers. De tous les oiseaux c'est le plus matinal ; c'est son chant qui annonce le réveil de la forêt.

Pendant l'hiver, il fait entendre un gazouillement agréable. En imitant son cri, *nip*, *nip*, on peut le mettre en mouvement dans toute l'étendue de la forêt.

Cette espèce place son nid dans des endroits cachés, entre des racines d'arbres, des touffes de lierre, ou un buisson très-fourré. La femelle y dépose cinq ou sept œufs de couleur blanchâtre, tachés de roussâtre. Dans le milieu du jour, le mâle les couve pour que la femelle aille prendre sa nourriture. Comme le rossignol, le rouge-gorge ne souffre aucun autre oiseau de son espèce dans les environs de son nid.

Cette espèce fait deux à trois couvées par an. Le mâle et la femelle nourrissent leurs petits des insectes qu'ils chassent avec adresse. Vers l'arrière-saison, ils mangent encore les baies tendres, les fruits des ronces, les alises et même le raisin, ce qui rend leur chair délicieuse.

Le rouge-gorge, pris adulte, supporte facilement la captivité, et chante, quoique prisonnier. Il faut, pour le conserver, lui donner la même nourriture qu'au rossignol.

Cet oiseau a un naturel si curieux, et si peu défiant, qu'il donne facilement dans tous les piéges qu'on lui tend.

Il montre à la pipée une ardeur qui lui est funeste; on le prend avec les trébuchets, en se servant d'appelant; aux gluaux, comme les fauvettes; à la chasse, à la chouette et aux abreuvoirs.

De la gorge-bleue.

La *gorge-bleue, sylvia succica.*

Cette espèce a la même manière de vivre et le même caractère que le rouge-gorge; mais cependant elle n'a pas ses habitudes. Elle fréquente la lisière des bois, les marais, les prés humides, les oseraies et même les roseaux. Vers l'automne, elle visite les jardins, et les haies avant de partir. On en voit rarement deux ensemble, et elle voyage seule comme le rouge-gorge.

Lorsque ces oiseaux vont au midi pendant l'automne, ils mangent différentes baies, notamment celles du sureau. A terre, ils portent leur queue relevée, surtout le mâle quand il entend le cri de la femelle.

Cette espèce, beaucoup moins nombreuse que celle du rouge-gorge, est inconnue dans quelques provinces de la France. On la voit en plus grande quantité dans les Vosges, en Alsace et en Provence, où on la nomme *cul-rousset-bleu*. Elle établit plus communément son nid sur les saules, les osiers et les autres arbustes qui bordent les lieux humides.

Elle passe l'hiver dans nos contrées méridionales, où elle se nourrit de baies et de fruits tendres qui la font devenir grasse à l'automne.

On prend la gorge-bleue de la même manière que le rossignol.

Du rossignol.

Le *rossignol*, *sylvia luscinia*, a six pouces de longueur. Il est représenté fig. 4, pl. L, page 66. Il part, voyage et arrive seul. Il paraît en France à la fin de mars, fréquente les haies qui bordent les champs cultivés et les jardins qui lui offrent une nourriture abondante. Dès que les forêts se couvrent de verdure, il s'y retire et ne fréquente plus que les bosquets les plus touffus : le voisinage d'un ruisseau, celui d'un écho, l'abri d'une colline sont les endroits qu'il préfère.

Vers la fin d'avril et dans les premiers jours de mai, chaque couple s'occupe de la construction de son nid. Le dehors est formé avec des herbes et des feuilles de chêne; le dedans est garni de mousse, de crins, de bourre, mais

tout l'ensemble est extrêmement fragile. Il est ordinairement placé près de terre, dans les broussailles, au pied
d'une haie, d'une charmille, ou sur les branches touffues
et basses d'un arbuste. La femelle y pond quatre ou cinq
œufs d'un brun verdâtre; on ignore si le mâle soulage la
femelle des soins de l'incubation; mais on sait qu'il lui
porte des insectes pour la nourrir pendant le jour, car il
paraît qu'elle ne quitte le nid que vers le soir.

On remarque que, pendant la couvée, il a un arbre
favori d'où il peut mieux apercevoir son nid qu'il ne perd
pas de vue. C'est de là qu'il fait entendre son chant dans
toute son étendue. Une fois apparié, il ne souffre aucun
de ses pareils dans le canton où il s'est établi; et comme
le nombre des femelles est moins grand que celui des
mâles, ceux-ci se livrent pour leur possession des combats
à outrance et montrent une jalousie excessive.

Le père et la mère prennent un égal soin de leurs petits
aussitôt qu'ils sont éclos; ils leur apportent des insectes dont
ils remplissent leur bec : ce sont principalement des vermisseaux, des chenilles non velues et des œufs de fourmis. Au
bout de quinze jours, les petits sont couverts de plumes, et
quittent le nid avant de pouvoir voler; ils suivent alors
leurs père et mère, en sautillant de branches en branches.
Une fois en état de voler, le mâle seul se charge du reste
de l'éducation, tandis que la femelle s'occupe des prépara-
tifs d'une seconde couvée.

Le rossignol ne chante plus dès qu'il a des petits; mais
il jette souvent, et surtout le soir, un cri perçant qui s'entend de loin; il a, ainsi que sa femelle, un cri d'alarme au
son duquel les petits se blotissent immobiles. Vers la fin
d'août, les rossignols viennent de nouveau fréquenter les
haies vives, les terres labourées et les jardins. Alors, outre
les insectes qui, devenus plus rares, ne leur suffisent plus,

ils se nourrissent encore de baies tendres et du fruit du sureau. Leur chair, à cette époque, devient grasse et exquise.

Les rossignols nous quittent à l'automne; il n'en reste même aucun dans les départemens méridionaux. Il paraît qu'ils se retirent en Afrique, dans l'Asie et dans les îles du Levant. On a remarqué que ceux que l'on tient en cage sont dans une agitation extrême à l'époque des passages, et surtout pendant la nuit.

Tout le monde connaît le chant de cet oiseau qui est le plus agréable de tous ceux que font entendre les chantres des forêts; mais comme il le cesse aussitôt qu'il a des petits, il faut, pour en jouir plus long-temps, le tenir en captivité. Comme il n'est pas aisé de le faire vivre en cage, nous avons cru qu'il serait agréable pour nos lecteurs de trouver ici un précis des soins et des précautions qu'il exige, d'autant que la manière de le traiter est celle qui convient également pour élever les autres oiseaux délicats dont on aime à peupler les volières.

Pour trouver un nid de rossignol, il faut aller le matin, au lever du soleil, ou le soir, à son coucher, dans l'endroit où l'on a entendu chanter le mâle pendant le jour; il convient de se cacher et de ne faire aucun bruit; les allées et venues du mâle et de la femelle et les cris des jeunes indiqueront bientôt le nid que l'on cherche. Il faut attendre, pour s'en emparer, que les petits soient bien couverts de plumes. Lorsqu'ils seront arrivés à ce point, on les emporte avec le nid que l'on place dans un panier d'osier, muni d'un couvercle à claire voie, pour qu'il y ait plus de communication avec l'air. On aura soin, pendant la nuit, de mettre sur le couvercle un morceau d'étoffe chaude qui puisse les garantir de la fraîcheur. On place le panier dans un endroit tranquille. On préfère, pour élever à la brochette, les petits de la première ponte, parce qu'ils sont généralement plus vigoureux et plus en état de supporter la mue qui les prend pendant la chaleur.

On les tient dans le panier très-proprement jusqu'à ce qu'ils puissent se tenir sur les jambes ; alors on les place dans une cage dont le fond est garni de mousse.

Quant au régime à suivre pour les nourrir, il convient d'observer exactement le suivant : on leur donne chaque jour à manger, la première fois, après le lever du soleil, et ensuite d'heure en heure, jusqu'au coucher du soleil ; la dernière becquée doit être plus forte, par rapport à la longueur de la nuit ; il faut leur refuser la nourriture dans les intervalles, malgré qu'ils la demandent par des cris réitérés.

On se sert, pour leur donner à manger, d'une brochette de bois bien unie, mince par le bout et presque aussi large que le petit doigt, et, à chaque fois, on ne leur donne que quatre becquées. La nourriture qui leur convient alors se compose de cœur de bœuf cru, haché très-menu et mêlé avec une pâte faite de pain de pavots râpé très-fin ; on peut y ajouter un peu de persil haché. On a soin de les faire boire deux ou trois fois par jour, en leur présentant un peu de coton trempé dans l'eau. On peut leur donner encore de temps en temps du jaune d'œuf cuit dur.

D'autres conseillent de faire une pâtée composée de mie de pain, de chenevis, de bœuf bouilli et de persil, le tout bien émietté, haché ou broyé, et intimement mélangé. Enfin on emploie encore avec succès du pain de pavot, du colifichet, et du cœur de bœuf cru, haché bien menu.

On doit veiller à renouveler souvent leur nourriture qui se corrompt très-facilement, et on a soin de dépouiller la viande qu'on y emploie de toutes les peaux et graisses qui peuvent y adhérer.

Après trois semaines ou un mois au plus, ils mangent seuls, et les jeunes mâles commencent à gazouiller. Comme ces oiseaux aiment à vivre seuls, on les sépare et on leur donne une cage à chacun. Alors on met dans leur cage un pot pour leur eau et un autre pour leur pâtée, que nous conseillons de composer toujours comme la première que nous avons indiquée, et on leur donne de temps en temps, pour les régaler, des vers de farine.

Les soins vétilleux qu'exigent ces oiseaux et leur délicatesse, empêchent souvent de réussir; aussi, si l'on peut s'emparer du père et de la mère, on aura l'avantage qu'ils les soigneront eux-mêmes. En tendant aux environs du nid quelques trébuchets, comme on le verra tout à l'heure, on parvient assez aisément à prendre l'un et l'autre. On les met avec le nid dans un cabinet peu éclairé, et, pour les familiariser avec leur nouveau domicile, on couvre le plancher de mousse, et on y place quelques paquets de branches, garnies de leurs feuilles, que l'on renouvelle de temps en temps. On éviterait cette peine, en remplaçant ces paquets par quelques arbustes en caisse. On leur donne à boire et à manger dans trois pots de faïence peu profonds: l'un contient l'eau, l'autre une cinquantaine de vers de farine, et le troisième une pâtée faite comme celle ci-dessus et dans laquelle on mêle des œufs de fourmis.

Ces oiseaux ont une telle affection pour leurs petits qu'ils oublient bientôt la perte de leur liberté pour ne s'occuper qu'à leur prodiguer leurs soins, et ils leur apportent de la pâtée et les soignent comme s'ils étaient dans les bois. Ils se comportent de la même manière; car, au moindre bruit, on les entend pousser le cri d'alarme, et on voit les jeunes se blottir sous la mousse.

Pour apprendre à chanter au jeune rossignol, il convient de placer près de lui un vieux rossignol dont le chant soit parfait. Il apprend des airs sifflés à la bouche, et même des airs de flageolet; il apprend même, dit-on, à siffler sa partie dans un chœur; mais on remplace ainsi la variété de son chant naturel par une monotonie ennuyeuse à force d'être répétée.

Les jeunes pris en automne se familiarisent plus volontiers et chantent l'hiver dès la première année; mais ils sont plus difficiles à élever que les autres.

On prend, à l'automne, des rossignols à la pipée, aux gluaux, aux abreuvoirs et avec la chouette; mais, pour avoir un oiseau pour conserver en cage, il faut le prendre au printemps avec un trébuchet.

Nous avons, dans la première partie, à l'article, *Trébuchet*, indiqué la composition de ce piége, et les fig. 1re de la pl. XVIII, et 1 et 2 de la pl. XIX, page 79, tome Ier représentent le trébuchet à corde, et celui connu sous le nom de *trébuchet à rossignol*. Nous y renvoyons nos lecteurs pour tous les détails.

La chasse au rossignol avec le trébuchet se fait au mois d'avril, depuis le lever du soleil jusqu'à dix heures du matin, parce que c'est principalement l'époque du jour où cet oiseau cherche sa pâture. Dans ce temps, il n'est pas encore accouplé et vit plus aisément en cage, car il meurt assez ordinairement si on le prend après qu'il a une femelle. La veille du jour destiné pour cette chasse, on se rend le soir dans le bois où l'on a entendu chanter le rossignol. On remarque, dans le voisinage de ses arbres favoris, l'endroit le plus propre à tendre le trébuchet. On remue la terre et on y plante quelques petites baguettes, longues d'environ un pied, à l'extrémité desquelles on attache un ver de farine le plus visiblement possible. Si, le lendemain matin, on trouve les vers mangés, on peut en toute assurance y tendre le trébuchet, en remuant de nouveau la terre, ce

qui attire le rossignol. Il ne faut pas s'inquiéter s'il s'é-
loigne pendant qu'on tend le filet; on l'y attire bientôt en
imitant le cri de rappel de la femelle. Cependant, s'il s'obstine
à rester éloigné, on le tourne et on l'effraie en lui jetant une
pierre. Ordinairement il vient par curiosité visiter l'endroit où la terre est fraîchement remuée, et il est rare qu'il
n'attaque pas le ver fixé à l'extrémité de la détente.

Lorsqu'il est pris, on a la certitude que c'est un mâle, si,
restant encore une demi-heure dans le bois, on n'entend
plus son chant : si, au contraire, on l'entend encore, c'est
une preuve que l'on ne tient que la femelle. Il faut alors
retendre le trébuchet, et recommencer de la même manière jusqu'à ce que l'on ait pris le mâle.

Pour mieux réussir, on a une demi-douzaine de trébuchets que l'on tend à la fois à quelque distance les uns des
autres.

Pour habituer le rossignol à la captivité, on le met dans
l'égrainoir jusqu'à ce que l'on soit de retour, et on lui
donne toutes les deux heures deux ou trois petits morceaux
de cœur de bœuf cru et coupé en filets fins. Pour cela, on
lui ouvre le bec avec les doigts, et on introduit avec une
épingle, par le plus petit bout, le morceau de cœur, trempé
dans l'eau; il avale assez aisément, et on a soin de le faire
boire chaque fois. Lorsqu'on est de retour à la maison, on
lui dispose une cage que l'on entoure d'une serge verte;
on en couvre le fond inférieur avec de la mousse. On place
la cage, dans laquelle on a mis l'oiseau, dans un endroit
tranquille et à demi-éclairé. On lui donne à boire, et dans
une soucoupe cinq ou six vers de farine. Aussitôt que l'on
s'aperçoit que ces vers sont mangés, on en met d'autres;
quand on a cinq ou six fois remplacé les vers mangés, on
met dans la soucoupe de la pâtée composée comme nous
l'avons dit; et on coupe six vers de farine en deux, que l'on

met sur la pâtée ; lorsqu'on la renouvelle , on coupe les vers
en quatre, et ainsi de suite, toujours de plus petits en plus
petits, afin de forcer le rossignol à goûter la pâtée, en
prenant les petits morceaux de vers. Lorsque l'on s'aperçoit
qu'il mange de la pâtée , on diminue la quantité de vers
progressivement, et on finit par donner la pâtée seule ; ce
qui a lieu vers le sixième jour. Ensuite, quand on veut le
régaler, on lui en présente un de temps en temps avec les
doigts ; on le rend ainsi moins farouche , et on parvient à
l'apprivoiser tout-à-fait.

Du roitelet.

Le *roitelet huppé, regulus cristatus*, a trois pouces
quatre lignes de long.

C'est le plus petit de nos oiseaux ; il pèse quatre-vingt-
seize ou cent grains. Il habite les bois, et on ne le voit en
assez grand nombre que pendant l'automne et l'hiver.

Ce roitelet se décèle par un petit cri aigu qui ressemble
à celui de la sauterelle. Il se plaît sur les chênes, les ormes,
les pins élevés et les saules. Il se nourrit comme les mésanges , dont il a beaucoup des habitudes. Il est sans cesse en
mouvement, voltige de branche en branche, grimpe contre
les arbres et se tient dans toutes les positions. Il fait la
chasse aux plus petits insectes, tantôt au vol, tantôt en
les cherchant dans les gerçures des écorces ; dans les
paquets de feuilles mortes qui restent au bout des branches. Il devient gras à l'automne, et sa chair est un mets
excellent, mais il est si petit qu'il en faudrait une trop
grande quantité.

Cette espèce passe l'été dans les bois qui couvrent les
montagnes de l'Allemagne et de l'Angleterre, et ne niche
que très-rarement dans quelques-unes de nos provinces
septentrionales. Elle place son nid à l'extrémité des

branches des pins et autres arbres, ou dans les touffes de lierre qui s'échappent des branches d'arbres. Il est artistement fait et de forme sphérique, ayant son entrée sur le côté vers le haut. La femelle y pond six à huit œufs, gros comme des pois, dont la couleur n'est pas unanimement déterminée par les naturalistes. Le mâle fait entendre un chant assez court, mais qui n'est pas sans agrément, pendant que sa femelle couve. Il la remplace dans le milieu du jour.

On regarde comme une variété le *roitelet huppé à moustaches*, que l'on rencontre au printemps et à l'automne aux environs de Paris. On ne le voit que par couple, il se tient à la cime des plus grands arbres et se montre plus méfiant que l'autre.

Le roitelet est si petit, qu'il faut une cage faite exprès pour le retenir, car il s'échappe de toutes les cages ordinaires.

Ce joli oiseau, qui fait un peu de bien et jamais de mal, et dont la capture ne fait que satisfaire la curiosité, mériterait d'être épargné : cependant il n'en est point ainsi.

On le prend facilement aux pipées d'automne, dans lesquelles il donne avec ardeur; on le prend encore aux gluaux et à la chasse à l'arbret, et particulièrement à la chasse à la chouette.

On lui tend avec succès la mésangette et le trébuchet couvert avec un filet fait de mailles assez petites pour le retenir.

D'ailleurs ce roitelet, étant peu méfiant, se laisse assez approcher pour le tirer à la sarbacane, seul moyen de ne pas abîmer son plumage, que le plomb le plus petit criblerait entièrement. On peut encore le tirer avec un fusil chargé d'eau. On met, pour cela, la charge de poudre, ensuite un bout de chandelle, épais d'un demi-pouce, qui

remplisse bien le calibre du canon ; on l'appuie avec la ba-
guette, et on remplit le canon d'eau. On ne peut ainsi tirer
que de bas en haut ; l'eau chassée par la poudre étourdit
l'oiseau ; et, comme on s'en saisit de suite, il n'a pas le
temps de se débattre et de gâter son plumage.

Du troglodyte.

Le *troglodyte d'Europe, sylvia troglodytes,* a trois pouces
neuf lignes de longueur.

Cet oiseau, que l'on connaît sous le nom de *roitelet* qui
ne lui appartient pas, habite les bois pendant l'été ; pendant
l'hiver, il s'approche des villages et même des villes. Il
parcourt les haies et les jardins, ne cesse de s'agiter, se
montre et disparaît ; toujours gai, il porte sa petite queue
relevée et lui donne en chantant un petit mouvement de
droite à gauche.

Il se nourrit de crysalides de mouches, d'araignées et
de fragmens d'insectes ; il les cherche dans les chantiers,
dans les branchages, sous les écorces, sous les toits et
jusque dans les puits.

Lorsque la saison est rigoureuse, il fréquente les sources
d'eau chaude et les ruisseaux qui ne gèlent pas ; il se retire
alors dans les saules creux, où quelquefois on le voit en
nombre.

Son ramage léger flatte d'autant plus qu'il le fait entendre
pendant l'hiver, même quand la terre est couverte de neige ;
c'est le seul oiseau qui conserve sa gaîté pendant cette
triste saison. Son chant est composé de notes brèves et
rapides ; mais on lui connaît encore un cri qui exprime
tirit, tirit, et qu'il fait entendre à la vue de quelque
danger.

Au printemps, il retourne dans les bois ; cependant on
en voit encore dans les habitations isolées, et même les

villages. Il place son nid près de terre, ou à terre même, sur quelques branchages épais, quelquefois aussi sous un toit de chaume. Sa forme est ronde avec une entrée très-étroite et pratiquée au côté. La femelle pond sept à neuf œufs presque ronds, d'un blanc terne et pointillés de roussâtre au gros bout. Les petits quittent le nid avant de pouvoir voler, et courent sur la mousse et dans les buissons.

Pour élever ces petits oiseaux, qui sont fort délicats, on les prend avec le nid, on les tient chaudement, et on les nourrit comme les petits rossignols. Dès qu'ils mangent seuls, on les met un à un dans une cage, où il y a un petit retranchement en drap rouge ou vert avec un petit trou rond par lequel ils puissent entrer et sortir.

Cet oiseau est peu défiant et naturellement curieux, la vue de l'homme ne l'effraie pas du tout; aussi, il se laisse approcher facilement.

On le prend de la même manière que le roitelet, et surtout à la pipée, où très-souvent il pénètre jusque dans la loge du pipeur. On le prend encore avec un gluau fixé à l'extrémité d'une longue canne à pêche, à l'aide de laquelle on l'atteint lorsqu'il est perché; ce moyen s'emploie aussi contre le roitelet.

Dans beaucoup d'endroits on se fait un scrupule de le tuer et même de toucher à son nid.

De la sittèle.

La *sittèle d'Europe*, *sitta Europœa*, porte une infinité de noms : tels sont ceux de *torche-pot*, de *pic-maçon*, en Lorraine; de *perce-pot*, en Normandie; de *grimpard*, en Picardie; de *planot*, en Dauphiné, etc. Elle est à peu près de la grosseur de l'alouette, et a environ six pouces de longueur.

La sittèle vit solitaire dans les bois; le mâle n'a point de chant, mais un cri de rappel pour inviter sa femelle. Lorsqu'elle s'est rendue à ses désirs, ils établissent leur nid dans un trou d'arbre tout fait, ou ils en creusent un eux-mêmes dans le bois vermoulu. Si celui qui se présente à l'ouverture grande, ils la rétrécissent avec de la terre glaise. La ponte est de cinq à sept œufs, d'un blanc sale, pointillés de roussâtre. La femelle couve avec assiduité et ne vit que de ce que le mâle lui apporte. Dès que les petits peuvent se suffire à eux-mêmes, la famille se disperse et chacun vit isolé.

Comme les pics, les sittèles ont l'habitude de grimper le long des arbres et d'en frapper le tronc et les branches à coups de bec pour y chercher les insectes; et, comme les mésanges, elles percent les noix et noisettes et plusieurs graines, pour en tirer l'amande.

Cette espèce est assez sédentaire dans le pays où elle est née; elle s'approche l'hiver des lieux habités et fréquente alors les vergers et les jardins. Elle a l'habitude de faire sa provision pour l'hiver.

On la prend par les moyens indiqués pour les pics et les mésanges.

Des grimpereaux.

Le *grimpereau d'Europe* ou *commun*, *certhia familiaris*.

Cet oiseau n'est guère plus gros que le troglodyte et pèse un tiers d'once. Il est fort commun dans le midi de la France, mais plus rare dans les provinces septentrionales. Il est sans cesse occupé à grimper le long des arbres pour rechercher les insectes et les larves dont il se nourrit. On le voit souvent passer d'un arbre à un autre; et sa voix consiste dans un cri faible, mais aigu. Il se retire pendant la nuit dans un trou d'arbre. La femelle y fait son nid, qu'elle compose d'herbes fines et de mousse liées ensemble par des toiles d'araignées. Elle y dépose cinq, sept et même neuf œufs blancs avec des taches rouges, suivant les uns; d'un blanc cendré, parsemé de points et de traits d'une teinte foncée, selon les autres.

Le *grimpereau de muraille*, *certhia muraria*; longueur totale, six pouces et demi.

C'est sur les rochers coupés à pic et les murailles des vieux châteaux que l'on voit cet oiseau, qui diffère du grimpereau d'Europe en ce qu'il ne grimpe pas le long des arbres, et qu'il niche dans les crevasses des rochers solitaires. Il voyage seul; et, vers l'automne, il se retire dans le midi pour y passer l'hiver. Il vient chez nous en avril, mais il est assez rare dans nos provinces méridionales. On prend les grimpereaux à la pipée et par les autres moyens indiqués pour la chasse du roitelet.

De la huppe.

La *huppe* ou le *putput*, *upupa epops*, est remarquable par sa huppe composée d'un double rang de plumes d'un roux plus ou moins foncé, et terminées par du noir. Onze pouces de longueur; grosseur un peu moindre que celle du merle. Elle est représentée fig. 2, pl. LIII, page 82.

Cet oiseau est de passage; il arrive en France au printemps, et la quitte en automne pour passer en Afrique. Les scarabées, les fourmis, les vers, les demoiselles, les abeilles, et plusieurs espèces de chenilles, composent sa nourriture.

Cette espèce fait son nid dans un trou d'arbre ou de muraille, et quelquefois à terre dans les racines; elle y dépose de deux à sept œufs d'un gris cendré et de forme alongée. Il n'est point vrai, comme on n'a cessé de le répéter, qu'elle enduise son nid d'excrémens, préjugé qui lui a sans doute valu le nom de *putput*.

On la trouve presque toujours solitaire, et jamais on ne la voit en bande, pas même aux époques des passages; elle cherche les terrains bas et humides, et se tient ordinairement à terre. On la rencontre rarement sur les lieux élevés. Les jeunes de cette espèce s'habituent facilement à la captivité; les individus adultes s'y accoutument aussi, mais on observe qu'il ne faut pas les tenir en cage.

La marche de cet oiseau ressemble à celle de la perdrix; son vol est lent, sinueux et sautillant; dans cette action, ses ailes sont toujours en mouvement.

Nous ne connaissons point de piége qui réussisse mieux que d'autres contre cet oiseau. Il est très-méfiant et se prend difficilement à quelque piége que ce soit. Cependant on peut assez souvent l'approcher à portée de fusil, et le tuer de cette manière. On assure qu'il faut aussitôt lui couper la tête, parce que sans ce soin sa chair contracte un goût désagréable.

Du guépier.

Le *guépier*, *mérops opiaster*, est assez commun dans le midi de la France, mais beaucoup plus rare dans les départemens septentrionaux; il a la longueur du mauvis, mais une taille plus effilée. Il fait sa nourriture habituelle des guêpes et des abeilles, ainsi que de bourdons, de cousins, de mouches, de cigales, et généralement de tous les insectes qu'il peut attraper en volant.

Il fréquente particulièrement les bords des grands fleuves; les couples nichent dans ces mêmes lieux ou sur des coteaux dont le terrain est sablonneux. Ils y creusent des trous qui ont près de six pieds de longueur et dans une direction oblique. C'est tout au fond que la femelle établit un nid de mousse, sur lequel elle dépose de cinq à sept œufs un peu moins gros que ceux du merle. Lorsque les petits sont éclos, ils suivent le père et la mère, et les familles se réunissent à l'automne en bandes nombreuses.

Les guêpiers ont un genre de vie analogue à celui des hirondelles, et des rapports avec les martins-pêcheurs, pour la richesse des couleurs et la conformation des pieds.

Les moyens que nous avons indiqués pour prendre les hirondelles peuvent être employés contre ces oiseaux qui font beaucoup de bien pour compenser le dommage qu'ils causent quelquefois dans les essaims d'abeilles.

Les cigales sont pour eux une proie très-recherchée, et que l'on peut employer comme appât. Dans l'île de Candie, où ces oiseaux sont nombreux, les enfans s'amusent à les prendre avec ces insectes. Pour cela, ils passent au travers du corps d'une cigale vivante une épingle recourbée, qui tient à un long fil. Le guêpier, qui la voit voltiger, fond dessus, l'avale, ainsi que l'épingle, et se trouve pris.

Du martin-pêcheur.

Nous n'en connaissons qu'une seule espèce en France, c'est le *martin-pêcheur proprement dit* ou *d'Europe*, *alcedo ipsida*. Il est représenté fig. 2, pl. XLVII, page 51.

Il a plus de six pouces de longueur, et la richesse de ses couleurs en fait le plus joli oiseau que l'on connaisse dans nos contrées.

Il vit seul, excepté dans le temps de la pariade qui a lieu en mars. Les couples établissent ordinairement leurs nids dans des trous de rats d'eau ou d'écrevisses; ils les approfondissent quelquefois et en maçonnent et rétrécissent l'ouverture. C'est là, sans autre apprêt, que la femelle dépose six à neuf œufs de couleur d'ivoire.

Il se nourrit de poissons qu'il guête quelquefois fort long-temps, et qu'il enlève en se laissant tomber à plomb. Il est sauvage et méfiant, a le vol rapide et filé; mais parcourt de petits intervalles. On le trouve toujours sur le rivage des eaux poissonneuses; il se plaît à se percher sur les branches qui avancent au-dessus de ces eaux.

Sa chair ne se mange pas; elle a un goût de faux musc désagréable. On prétend que cet oiseau, séché et placé dans une garde-robe, garantit les habits des teignes et autres insectes nuisibles; ce qui lui a valu les noms d'*oiseau drapier, garde-meuble, garde-boutique.* Mais ce fait, ainsi que l'incorruptibilité de sa chair, et plusieurs autres propriétés attribuées à cet oiseau, sont démentis par l'expérience.

La plupart des martin-pêcheurs quittent nos climats pendant l'hiver, dont la rigueur est souvent funeste à ceux qui le passent chez nous.

Cet oiseau a reçu une infinité de noms : tels sont ceux de *tartarien* ou *tartarin*, qu'on a cru provenir de son cri qui exprime plutôt les syllabes *ki, ki, ki, ki; péche-véron, merle d'eau,* etc. C'est l'*alcyon* des anciens, dont Ovide nous raconte la métamorphose.

Cet oiseau est difficile à approcher, et par conséquent à tuer au fusil.

On lui tend avec avantage, le matin et le soir, un trébuchet que l'on place au bord de l'eau.

Des gluaux, disposés sur des bâtons élevés de deux ou trois pieds et inclinés au-dessus de l'eau, lui sont aussi assez souvent funestes; ainsi que des rejets placés également sur le bord des petites rivières; enfin, en tendant en travers des ruisseaux poissonneux un hallier de soie qui s'élève de deux à trois pieds au-dessus de l'eau, on le prend lorsqu'il cherche sa proie et qu'il file au-dessus des eaux.

CHAPITRE IV.

DES OISEAUX QUE L'ON TROUVE DANS LES TERRAINS HUMIDES ET MARÉCAGEUX ET SUR LES BORDS DES EAUX.

Cette classe d'oiseaux est celle qui présente le moins de ressource aux amateurs des chasses aux piéges. Presque tous sont de passage, se montrent irrégulièrement sur nos côtes et nos marais, et la difficulté que l'on éprouve à parcourir les lieux qu'ils habitent rend inutiles la plupart des piéges. Aussi, c'est contre les espèces qui demeurent dans les bois et les prairies humides qu'ils réussissent le mieux; on ne peut atteindre les autres qu'avec le fusil, et souvent encore cette arme est sans effet par les obstacles que présentent les localités et l'approche de ces oiseaux. *Voyez*, au surplus, sur la chasse au fusil dans les marais, ce qui en a été dit dans le *Traité général des Chasses.*

Nous allons néanmoins faire connaître ces oiseaux, et indiquer tous les moyens que l'on a imaginés pour les prendre.

De l'œdicnème ou grand pluvier.

L'*œdicnème d'Europe* ou *grand pluvier*, *otis œdicnemus*, a quinze à dix-sept pouces de longueur.

Ce qui distingue cet oiseau des pluviers proprement dits, c'est son habitude de se tenir de préférence sur le plateau des collines, dans les terrains secs et pierreux ; ce qui lui a fait donner le nom de *courlis de terre.* Un autre caractère qui lui est particulier c'est d'avoir le bas de l'os de la jambe et le haut de celui du pied très-gros, ce qui fait paraître son talon enflé. Cette conformation a engagé Belon à le nommer *œdicnemus, jambe enflée.*

Dès le commencement du printemps, les grands pluviers se montrent dans plusieurs provinces de la France, notamment le Berry, la Sologne, la Beauce, la Champagne et la Bourgogne, qu'ils ne quittent plus que vers la fin d'octobre pour aller passer l'hiver dans les contrées méridionales de l'Europe. Ils se réunissent en bandes de trois à quatre cents, et semblent obéir à la voix d'un chef; leur voyage a lieu la nuit.

Ces oiseaux sont tellement craintifs qu'ils n'osent faire aucun mouvement tant que le soleil paraît; mais, dès que le jour baisse, ils commencent à s'agiter et à se répandre çà et là en poussant de grands cris qui s'entendent de fort loin; ils s'approchent alors des habitations et ne cessent de crier pendant la plus grande partie de la nuit. Ce cri semble exprimer le mot *tarlui.* Si on les fait lever pendant le jour, ils volent en rasant la terre. Leur marche est tellement précipitée qu'ils courent aussi vite qu'un chien; ce qui les a fait nommer *arpenteurs*, en Beauce.

Ils se nourrissent d'insectes, de scarabées, de grillons, de petits limaçons et de coquillages de terre, ils mangent même les lézards et les petites couleuvres.

La femelle pond deux ou trois œufs d'un blanc cendré, tacheté de brun olive noirâtre, gros et longs de deux pouces. Elle ne fait point de nid et dépose ses œufs sur la terre nue, dans les sables ou entre des pierres. Elle couve trente jours. Le mâle, ardent en amour, ne la quitte pas et la nourrit; les jeunes sont longs à apprendre à voler, et restent long-temps couverts d'un duvet gris.

On vante la chair des jeunes comme un mets délicat,

.1. *Vanneau.*   2. *Pluvier guignard.*

mais on mange également les vieux, quoiqu'en général ce ne soit pas un oiseau estimé comme gibier.

L'extrême difficulté que l'on éprouve pour approcher les grands pluviers à portée, rend presque inutiles les tentatives que l'on fait pour les tirer au fusil. Cependant l'heure la plus favorable est le crépuscule du soir.

On peut en prendre quelques-uns avec des collets traînans disposés dans les endroits que l'on sait qu'ils fréquentent, surtout si l'on peut se procurer quelques poignées de vers de terre qu'on jette çà et là sur les collets.

Des pluviers.

Dans le *Traité général des Chasses*, on a donné la description et l'histoire naturelle des diverses espèces de pluviers connues en France.

Ce sont : le *pluvier doré, charadrius pluvialis*, représenté fig. 1re, pl. XLI, page 32; le *pluvier guignard, charadrius morinellus*, représenté fig. 2, pl. LIV; le *grand pluvier à collier, charadrius hyaticula* ; le *petit pluvier à collier, charadrius minor* ; et le *pluvier à poitrine blanche, charadrius cautianus*.

Les pluviers sont toujours réunis en bandes si nombreuses qu'il est des passages où on peut en voir jusqu'à trente mille dans un jour. Les époques les plus favorables pour les prendre sont au mois d'octobre, lorsqu'ils arrivent, et au mois de mars, saison de leur départ et de leurs amours ; le temps le plus favorable est celui du dégel, ou d'une pluie douce.

On emploie, pour les prendre, des nappes semblables à celles que nous avons décrites pour la chasse aux alouettes. La force du fil et la dimension seules varient. Ces rets saillans doivent avoir une longueur de soixante pieds, et une hauteur de neuf à dix pieds. Au lieu de les disposer vis-à-vis l'un de l'autre, on les réunit par chacun un bout, comme pour la chasse à la *ridée*, et le mécanisme qui les fait mouvoir est absolument le même. On tend ordinairement ces rets saillans dans les prairies, les champs de blés verts, en choisissant, autant que possible, un lieu voisin de quelque ruisseau, parce que les pluviers s'y rassemblent deux ou trois fois par jour pour se laver le bec et les pieds, après avoir véroté. On a soin de tendre le matin avant le jour, pour être prêt à l'heure du rassemblement des pluviers. Il faut de plus observer de ne pas tendre par le vent de nord et de nord-est; et, par tout autre vent, il faut disposer le filet de manière qu'il s'abatte dans le sens du vent, et non contre sa direction. Ces observations sont essentielles, parce que les pluviers volent toujours contre le vent.

Il faut encore, à cette chasse, se servir, pour appelans, de vanneaux vivans, plus aisés à conserver et à nourrir que les pluviers eux-mêmes, et qui les attirent parfaitement, ces deux espèces d'oiseaux vivant pêle-mêle les uns avec les autres; on y emploie aussi des moquettes, formées de pluviers empaillés, et plantées en terre au moyen d'un piquet sur lequel elles sont ajustées : on donne à ces moquettes le nom d'*entes*. Les entes ou moquettes, dont le nombre est indéterminé, sont placés au bas de la forme, les têtes tournées contre le vent, à un pied ou deux les uns des autres, et sur l'espace que les filets doivent couvrir.

Lorsqu'il a tendu ses nappes, le chasseur conduit la corde de tirage, ainsi que les lignettes pour faire mouvoir les appelans, à la place qu'il s'est choisie et qu'il a disposée de la même manière que dans la chasse aux alouettes ou celle aux petits oiseaux. Aussitôt qu'il entend une bande de pluviers, il saisit l'appeau que nous avons décrit page 125, tome Ier, et répond à leurs cris; en même temps il tire les lignettes pour faire voltiger les vanneaux. Les pluviers viennent s'abattre auprès d'eux, et sont couverts par le filet. Il faut observer que les sons que l'on tire de l'appeau doivent être très-forts au commencement, et qu'on doit les diminuer à mesure que les pluviers s'abaissent; également alors, il faut moins agiter les perchans pour ne pas faire découvrir le piége.

Il convient d'être deux à cette chasse, parce que si les pluviers s'abattent hors de la portée du filet, et qu'après avoir attendu quelques instans, ils ne s'approchent pas des appelans, alors un des chasseurs se lève, les tourne en marchant courbé, et parvient, en s'y prenant adroitement, à les pousser sous le filet.

On écrase la tête des pluviers pris, on nettoie la place des plumes qui peuvent être restées, et l'on retend.

On tend encore, pour prendre les pluviers, des nappes de la même manière que la pantière. Cette tendue se fait pendant la nuit, sur les bords d'un champ où l'on a remarqué que couchaient les pluviers. Le matin, à l'heure du rassemblement de ces oiseaux, on se rend sur les lieux. Il faut être assez de monde pour entourer le champ. Lorsque ces oiseaux se sont rassemblés, les chasseurs, qui étaient couchés, se lèvent tous à la fois en poussant de grands cris, et chassent les pluviers vers la tendue. On rendrait cette chasse plus lucrative en s'y prenant comme nous nous l'avons dit à l'article *Alouettes*, pour la chasse aux rideaux.

Comme ces oiseaux ont l'habitude d'aller aux mares d'eau, le matin et le soir, pour se laver les pieds et le bec, on peut en prendre encore en semant aux environs, à l'époque des passages, une grande quantité de collets traînans et à piquet.

Des vanneaux.

Les vanneaux ont été décrits dans le *Traité général des Chasses*, où l'on a signalé les espèces suivantes :

Le *vanneau commun*, *tringa vanellus*, fig. 1ʳᵉ, pl. LIV, page 130.

Le *vanneau pluvier*, *tringa charadrius*.

Et le *vanneau suisse*, *tringa helvetica*.

Ces oiseaux, ayant les mêmes habitudes que les pluviers, aux bandes desquels ils se mêlent souvent, se laissent prendre par les mêmes moyens ; c'est en mars et en octobre qu'on en prend le plus, surtout à cette dernière époque où ils sont le plus gras.

De la bécasse.

On trouve dans le *Traité général des Chasses* l'histoire naturelle de la bécasse, ainsi que l'indication de ses variétés ; on y trouve également sa chasse au fusil. Nous n'avons donc à nous occuper ici que des moyens de la prendre par les piéges. Elle est représentée fig. 1ʳᵉ, pl. LV.

On sait que les bécasses ont l'habitude de se tenir dans les bois toute la journée, de les quitter le soir pour aller dans les mares environnantes, et d'y revenir le lendemain matin. Cette habitude constante sert de base aux moyens employés contre elles. Les piéges que l'on leur tend sont les collets et les pantières.

Les collets sont d'un usage assez productif ; lorsque l'on sait des bécasses dans un bois, on forme une enceinte d'une étendue plus ou moins grande, suivant les localités, au moyen d'une petite haie que l'on établit en liant ensemble les brins de genêt. On dispose ces liens de façon qu'ils garnissent jusqu'à la hauteur de sept à huit pouces, et on laisse, de distance en distance, des ouvertures suffisantes au

1. Bécasse.   2. Bécassine

passage d'une bécasse. On garnit chacune de ces passées avec un collet à piquet, ouvert à la hauteur de l'estomac de l'oiseau ; on peut encore en mettre un à plat sur la terre. Lorsque l'oiseau veut sortir du bois , ce qu'il fait au crépuscule du soir, il s'engage dans ces passées et se prend , soit par le col , soit par les pieds. On tend encore de ces collets, disposés de la même manière, sur le bord des mares que les bécasses fréquentent.

Dans l'un et l'autre cas , on peut employer utilement le *rejet corde à pied* , dont nous avons donné la description , tome Ier, page 58.

Nous avons également, à l'article *Filets*, page 27 du tome Ier, indiqué la manière de tendre les pantières simple et contre-maillée. On a soin de reconnaître les endroits favorables à cette tendue ; c'est ordinairement dans les clairières, à la sortie des bois , dans les petits vallons entourés d'arbres, auprès des marais , ou enfin dans les allées d'un parc. Les *miroirs* ou *fientes* des bécasses, que l'on trouve dans ces lieux, sont des indices assurés qu'elles y passent.

Les mois de novembre, décembre et janvier sont les plus propres à cette chasse : les bécasses sont grasses alors. Les jours de brouillards sont préférables. Elle ne dure qu'une heure , et on la commence une demi-heure après le coucher du soleil.

En général, la bécasse donne assez facilement dans les piéges, et paraît justifier ce qu'en a dit Belon, qui l'a nommée *moult sotte bête.*

Des bécassines.

L'histoire naturelle de ces oiseaux a été donnée dans le *Traité général des Chasses* , où l'on a signalé la *bécassine proprement dite* , *scolopax gallinago* , représentée fig. 2, pl. LV; la *double bécassine, scolopax media;* et enfin la *petite bécassine, scolopax gallinula.*

On emploie avec avantage les collets à piquets simples et doubles, que l'on dispose au bord des marais, dans les plantes aquatiques et les joncs dans lesquels se retirent ces oiseaux.

On en prend également avec le traîneau portatif, décrit tome Ier, page 57. Les mailles doivent avoir au plus dix-huit lignes de large. On en fait usage la nuit, et quelquefois pendant le jour lorsque le temps est sombre. Il est essentiel de bien connaître les localités, autrement cette chasse pourrait être dangereuse. Quelques personnes se servent de planchettes légères et un peu recourbées en avant, qu'elles fixent sous leurs pieds, et qui les empêchent d'enfoncer dans la fange.

Lorsque la bécassine est surprise, elle s'élève perpendiculairement, le bec en l'air, et s'engage dans les mailles, où le chasseur achève de la retenir en laissant tomber le traîneau.

On peut en prendre également en tendant, dans les marais et les queues d'étangs, des pantières, de la même manière qu'on le fait pour la bécasse.

Des barges.

On connaît en France deux espèces de barges : la *barge rousse à queue noire, scolopax agocephala,* et la *barge rousse à queue rayée, scolopax lapponica.*

La première, plus répandue, niche dans les prairies ; sa ponte est de quatre œufs d'un olivâtre foncé, marqués de grandes taches brun clair. Sa longueur est de quinze pouces et demi.

La seconde n'a que treize pouces un quart de longueur ; elle niche dans le nord.

On trouve les barges autour des marécages, sur les terres

fangeuses, et les rivages de la mer. Elles cherchent dans la fange, à l'aide de leur long bec, les vermisseaux et les petites plantes dont elles se nourrissent. Elles se tiennent cachées pendant le jour dans les herbes humides, et ne se montrent qu'aux crépuscules du matin et du soir. On les rencontre toujours en bandes au printemps et à l'automne, époques de leur passage en France; elles sont timides, méfiantes et d'une approche très-difficile; elles fuient rapidement au travers des bois marécageux et des roseaux. Leur vue est faible; leur voix est grêle et chevrotante. Au moindre bruit, elles poussent des cris de frayeur, et s'élèvent dans l'air; elles courent aussi vite que les perdrix.

La barge est un gibier assez estimé; mais sa chasse n'est pas sans difficulté; celle au fusil est la seule qu'on puisse lui faire. Ce n'est que le matin et le soir qu'on peut espérer d'en rencontrer aux époques des passages, et en les quêtant dans les lieux fangeux qu'elles habitent. On a besoin pour cette chasse d'un chien couchant.

Des courlis.

Dans le *Traité général des Chasses*, on a signalé les deux espèces de courlis connues en France, savoir : le *courlis proprement dit*, *numenius*, et le *courlis corlieu*, *numenius phœopus*.

La première est représentée par la fig. 1re de la pl. XLVI, page 5o.

Nous ne connaissons aucun autre moyen que le fusil pour faire la chasse à ces oiseaux; nous renvoyons en conséquence à l'ouvrage que nous venons de citer.

Des râles.

On connaît en France trois espèces de râles, qui ont été signalées dans le *Traité général des Chasses*. Ce sont : le *râle de terre* ou *de genêts*, représenté fig. 1ʳᵉ, pl. XL, page, 24 ; le *râle d'eau*, fig. 2, même planche, et la *marouette* ou *petit râle d'eau*.

Ces oiseaux habitent les joncs, les broussailles et les herbes des marais et des prairies ; ils fuient de loin et courent avec rapidité. Ils se tiennent cachés, pendant le jour, dans les herbes épaisses et cherchent leur nourriture, le soir et le matin, sur le bord des eaux stagnantes.

On en prend avec les halliers et les collets.

Pour prendre le râle de terre avec le hallier, on le tend dans les herbes épaisses des prairies où l'on sait qu'il s'en trouve, et on l'attire dans le piége en se servant de l'appeau décrit tome Iᵉʳ, page 24, et qui imite parfaitement le *crëck, crëck, crëck, crëck,* qui compose son cri. On peut encore, avec le même appeau, le faire venir sous une nappe à cailles, disposée comme nous l'avons dit à l'article de ces oiseaux. Mais alors, dès qu'on s'aperçoit qu'il est dessous la nappe, il faut être très-leste à s'en emparer, autrement il échappe infailliblement.

On prend les râles d'eau et les marouettes au moyen de halliers que l'on tend dans les joncs des marais. Ces halliers doivent avoir de quinze à dix-huit pieds de long, et quatre mailles de hauteur ; cette dimension rend leur usage plus commode, parce qu'on peut plus aisément les disposer suivant les localités. On les tend dans les roseaux au bord des eaux, après avoir pris soin de monter les halliers sur des piquets assez longs pour pénétrer suffisamment dans la vase, et être assez solidement fixés. On place plusieurs halliers les uns au bout des autres, afin d'occuper un plus grand espace. Quand les filets sont ainsi disposés, on bat tout le terrain qui est en avant ; les râles fuient devant le chasseur et cherchent à gagner les roseaux, où ils se trouvent arrêtés par les halliers.

1. Héron.   2. Butor.

Quand le terrain le permet, on barre un marais avec deux halliers, tendus vis-à-vis l'un de l'autre, à une certaine distance, et ensuite on bat tous les bords du marais en poussant, autant que possible, les râles vers les filets. On fait principalement cette chasse en mai et juin, époque où l'on trouve de jeunes râles. Cependant il est préférable de la faire en août et septembre, parce qu'alors ils soṅ. gras. On peut employer des chiens couchans, pourvu qu'ils soient sages et obéissans; les vieux conviennent le mieux.

Des hérons.

Dans le *Traité général des Chasses*, on a signalé, à l'article *Héron*, le *héron proprement dit, ardea major*, représenté fig. 1re, pl. LVI; le *héron aigrette* ou *garzette, ardea garzetta*; le *héron pourpré, huppé, ardea purpurea*; le *héron blongios, ardea minuta*; le *héron bihoreau, ardea nycticorax*; et le *héron butor, ardea stellaris*, fig. 2, pl. LVI.

Tous ces oiseaux habitent les marais, les bords des lacs et rivières, et vivent de poissons et d'insectes aquatiques.

Outre la chasse au fusil, qui a été traitée dans l'ouvrage que nous venons de citer, il y a peu de moyens de prendre ces oiseaux par les piéges. Celui qui présente le plus d'avantages est la pince d'Elvaski, décrite tome Ier, page 94. On en tend plusieurs sur le bord des eaux peu profondes et dans la fange des marais, en ayant soin toutefois que rien ne s'oppose au jeu de la marchette, et de l'amorcer avec un petit poisson ou une grenouille. Le piége doit être aussi solidement fixé. Ce moyen s'emploie principalement contre les hérons et les butors. On peut encore espérer de prendre quelques-uns de ces oiseaux au moyen d'hameçons amorcés avec des petits poissons. On dispose ces hameçons, solidement fixés à des piquets sur le bord des eaux peu profondes que fréquentent les hérons. Lorsque ces oiseaux aperçoivent le petit poisson, ils l'avalent tout entier, et en même temps l'hameçon qui le retient. Ces hameçons doivent être montés sur fil de laiton. On peut aussi amorcer l'hameçon avec une petite grenouille.

Comme les hérons nichent ordinairement sur les arbres, on peut employer contre eux le lacet. On peut aussi élever les petits, pris au nid, en les nourrissant de poissons et de viande crue.

Des chevaliers.

Plusieurs espèces de chevaliers sont de passage sur les côtes maritimes septentrionales de la France. Ce sont les suivantes :

Le *chevalier bécasseau*, *tringa ochropus*, que l'on connaît aussi sous le nom de *cul-blanc*, et dont la longueur totale est de huit pouces et demi. Cet oiseau fait son nid dans le sable, au bord de l'eau ; la ponte est de trois à cinq œufs d'un vert très-pâle et tacheté de brun. Il fréquente les rivages de la mer et des grandes rivières, et particulièrement les bords des eaux vives ; il va sans cesse en secouant la queue. Il se montre seul, excepté, pendant la saison des amours qu'on le voit par couples, et pour voyager qu'il se réunit en petites bandes. Il se nourrit de frai de poissons et d'insectes aquatiques ; sa chair est très-délicate.

Le *chevalier brun*, *scolopax fusca*, long de onze pouces un quart. Cette espèce, qui n'est que de passage, se tient sur le bord de la mer, des fleuves et des lacs.

Le *chevalier gambette*, *scolopax galidris*, connu aussi sous le nom de *chevalier aux pieds rouges*, et dont la longueur est d'environ dix pouces. Cet oiseau, assez rare, se montre sur nos côtes et quelquefois sur les bords de la Saône.

Le *chevalier guignette*, *tringa hypoleucos*, d'une longueur de sept pouces et demi, et qui a beaucoup des habitudes du bécasseau. On le rencontre sur les grèves et rivages sablonneux. Il part de loin en poussant quelques cris qu'il fait aussi entendre la nuit.

Et le *chevalier aux pieds verts*, *totanus glottis*, long d'environ un pied, et qui n'est que rarement de passage en France.

La chasse des chevaliers présente peu de ressources ; ce n'est guère qu'au fusil qu'on peut la leur faire, et c'est presque uniquement le bécasseau que l'on cherche. Il exerce la patience des chasseurs, en voltigeant continuellement d'une rive à l'autre, des étangs ou des rivières, sur les bords desquels on le chasse. En imitant son cri, qui est un petit sifflement doux et modulé, on réussit quelquefois à le faire venir dans des joncs englués, que l'on a disposés sur les bords des eaux qu'il fréquente. L'hiver, on peut en prendre encore quelques-uns, en tendant, sur le bord des fontaines qui ne gèlent pas, des collets comme pour les bécasses.

De l'alouette de mer, du combattant et de la maubéche.

L'*alouette de mer*, *tringa albina*, a six pouces de longueur totale. Elle est assez commune en France pendant l'hiver. Sa ponte est de quatre œufs d'un blanc jaunâtre, avec des nuances brunes, dont les unes sont plus foncées que les autres. On voit cette espèce en troupes assez nombreuses sur les côtes de la Bretagne et du Bas-Poitou. Elle se tient sur les bords de la mer.

Le *combattant*, *tringa pugnax*, a dix pouces et demi de longueur. On ignore où cette espèce passe l'hiver. Elle paraît sur les côtes de la Picardie, au mois d'avril, et les quitte en mai, pour passer en Angleterre, où elle niche.

La ponte est de quatre ou cinq œufs pointus, cendrés et marqués, surtout au gros bout, de taches d'un brun rougeâtre; on fait autant de cas de ces œufs que de ceux du vanneau.

Le nom de *combattant*, imposé à cette espèce, exprime bien son caractère. En effet, ces oiseaux se livrent sans cesse des combats, soit corps à corps, soit en troupes réglées, et principalement pendant la saison des amours. Cependant ces combats ont des suites peu funestes, la nature ne les ayant doués que d'armes trop faibles, pour qu'ils puissent se blesser dangereusement.

La *maubéche, tringa islandica*, a neuf pouces et demi de longueur totale. Cette espèce ne fait que passer en France. On ne l'y voit guère que sur les rivages de la mer, où elle vit en troupe et court fort vite.

Nous avons également peu de choses à dire de la chasse de ces trois espèces d'oiseaux. Nous ne connaissons pas qu'on emploie contre elles d'autres moyens que le fusil. Elles sont d'ailleurs peu estimées comme gibier.

De l'avocette.

L'*avocette, recurvirostra avocetta*, a quinze à dix-huit pouces de longueur; ses jambes, sept ou huit; et son bec, trois et demi.

Cet oiseau préfère les contrées du nord; il les quitte à l'approche de l'hiver, s'avance vers le midi, et retourne au printemps dans les contrées septentrionales. On voit un grand nombre d'avocettes, au printemps et à l'automne, sur les côtes de l'Océan, et surtout dans le Poitou, où elles nichent. Les femelles pondent ordinairement deux œufs, d'un cendré verdâtre avec des taches noires, dans un petit trou entouré d'herbes, ou seulement dans le sable. On dit ces œufs bons à manger. Les avocettes préfèrent le rivage de la mer à l'embouchure des fleuves; quelquefois elles s'avancent dans l'intérieur des terres, en suivant le cours des rivières.

Ces oiseaux cherchent, dans la vase la plus molle et l'écume des flots, le frai des poissons et les insectes aquatiques, qu'ils avalent avec les petites pierres qui s'y trouvent mêlées. Ils sont extrêmement défians; ils ne restent pas long-temps dans le même lieu, et il est fort difficile de les approcher et de les surprendre. Ils fuient à la moindre apparence de danger, et sont doués d'une grande vivacité dans leurs mouvemens; ils courent avec légèreté, et souvent même sur un fond recouvert de cinq à six pouces d'eau. Dans des eaux plus profondes, ils nagent avec aisance et agilité.

Le seul moyen d'atteindre les avocettes est le fusil; mais leur chasse ne présente que fort peu d'occasions favorables, par la difficulté que l'on éprouve pour les approcher; et la vivacité de leurs mouvemens.

De l'huitrier.

L'huitrier commun, *hœmatopus ostralegus*, est long d'environ seize pouces, et de la grosseur d'une corneille.

Le plumage noir et blanc de cet oiseau lui a valu le nom de *pie de mer*; il fait entendre un bruit continuel, surtout lorsqu'il est en troupe; et, à l'aspect de l'homme, il redouble ce cri aigu et court, et semble donner l'alarme aux oiseaux aquatiques.

Il est fort commun en Angleterre, et ne paraît sur les côtes de France qu'irrégulièrement et dans de certaines circonstances. Les vents d'est et de nord-ouest en poussent quelquefois des troupes nombreuses sur les côtes de Picardie, de Normandie et de Bretagne.

Cet oiseau vit sur les bords de la mer, sans jamais fréquenter le rivage des eaux douces. Lorsque la mer monte, il recule devant elle ; lorsqu'elle baisse, il la suit en fouillant dans le sable pour y chercher les vers marins, les huîtres et les autres coquillages dont il compose sa nourriture, Il visite aussi tous les jours les endroits des dunes où les pêcheurs rejettent les intestins des poissons plats. Sa chair est noire, dure, et a un goût de marée qui plaît à quelques personnes, mais qui répugne au plus grand nombre. Celle des jeunes est préférable. On voit de ces oiseaux dans les marchés à Paris, pendant les hivers très-rigoureux.

La femelle pond à nu sur le sable des dunes, dans un endroit à l'abri des eaux de la mer ; ses œufs sont au nombre de quatre ou cinq, d'une couleur grisâtre tachetée de noir. La femelle les couve assez négligemment pendant vingt ou vingt-un jours. Les petits naissent couverts d'un duvet gris brun ; ils se traînent aussitôt sur le sable, et savent bientôt se cacher dans les touffes d'herbages où il est difficile de les trouver.

Ce n'est guère qu'au fusil que l'on chasse cet oiseau, dont l'approche est très-difficile ; on ne peut même espérer d'en tuer qu'en se tenant à l'affût dans les rochers qui se trouvent sur les bords de la mer, et cette chasse n'offre jamais de bien grands avantages.

Du phénicoptère flammant.

Le *phénicoptère flammant*, *phenicopterus ruber*, doit son nom à la couleur rouge de feu qui couvre la plus grande partie de son plumage. Il a près de quatre pieds du bout du bec à celui de la queue, et près de six pieds jusqu'à l'extrémité des ongles ; mais ces proportions varient suivant les individus.

Cette espèce s'avance peu vers le nord, et on en voit même

rarement sur les bords du Rhin. Elle vit en famille,
fréquente les rivages de la mer, les marais qui l'avoisinent
et les lacs salés.

Les phénicoptères se rangent ordinairement en file pour
pêcher, et c'est ainsi qu'on les voit sur la plage ; une
sentinelle veille communément pour la troupe, et jette
un cri éclatant lorsque quelque chose l'effraie. Ils ont
l'ouïe et l'odorat si subtils qu'ils éventent de loin les chasseurs et les armes à feu ; et l'on remarque même que,
pour éviter d'être surpris, ils ne se posent que dans les endroits découverts. Ils vivent de coquillages, de frai, d'insectes aquatiques et de poissons.

Ils nichent à terre, au milieu des marais, dans les endroits
les plus fangeux. Ils font des petites hauteurs avec de la
boue et des débris d'herbes aquatiques, et c'est là que les
femelles déposent deux ou trois œufs, de la grosseur de ceux
de l'oie, de couleur bleue, et un peu alongés. Les petits
courent avec beaucoup de vitesse peu après leur naissance,
et ne volent guère avant d'avoir acquis presque toute leur
grandeur.

On en voit beaucoup en Languedoc et en Provence, sur
les bords marécageux des étangs qui avoisinent la mer. Ils
sont gras et bons à manger.

On leur fait la chasse au fusil ; mais ils sont d'une approche difficile. On prétend néanmoins que, lorsque l'on
en a tué un, il est facile d'en tuer d'autres, parce qu'ils
abandonnent difficilement le mort. On en prend quelques-
uns avec des hameçons amorcés de petits poissons. La pince
d'Elvaski et les collets à ressort, tendus au bord des marais
qu'ils fréquentent, sont encore des piéges productifs.

Des poules d'eau.

Les espèces connues en France sont : la *poule d'eau*

commune, *gallinula chloropus*, représentée fig. 1re, pl. LVII; la *poulette d'eau*, *gallinula fusca* et la *poule d'eau glout*, *gallinula fistulans*. Elles sont signalées dans le *Traité général des Chasses*, où l'on trouve leur histoire.

La chasse aux piéges qui présente le plus d'avantages pour prendre les poules d'eau est celle qu'on leur fait avec le hallier, en s'y prenant de la même manière que nous l'avons indiquée pour le râle d'eau. *Voyez* cet article.

La pince d'Elvaski, décrite page 94 du tome Ier, et le collet à ressort, page 68, peuvent également être employés, contre ces oiseaux, avec succès, en ayant soin de les disposer convenablement dans les lieux qu'ils fréquentent.

De la foulque.

La *foulque morelle*, *fulica atra*, est la seule espèce que l'on voie en France. Son histoire naturelle a été donnée dans le *Traité général des Chasses*. On la trouve sur nos étangs la plus grande partie de l'année; et, à l'automne, les bandes sont plus nombreuses. Les vieux ne se montrent que la nuit; mais les jeunes, moins méfians, jouent sur l'eau à toute heure du jour.

On emploie contre les foulques les halliers et la pince d'Elvaski de la même manière que nous l'indiquons à l'article *Canards*.

CHAPITRE V.

DES OISEAUX AQUATIQUES.

LES oiseaux dont nous avons à nous occuper dans ce chapitre sont ceux que l'on ne trouve que sur les eaux, ou

1. Poule d'eau.   2. Sarcelle.

1. Morillon.   2. Plongeon.

au moins pour qui l'eau est l'élément le plus naturel. Malgré que les espèces soient nombreuses, il n'y a guère que les canards, sarcelles, oies et plongeons qui soient réellement intéressans sous le rapport de la chasse. Les autres, peu estimées comme gibier, auraient pu être omises ; cependant, comme nous avons pour but de rendre cet ouvrage aussi complet qu'il nous est possible, nous avons cru devoir en dire ce que nous en savons.

Des canards.

Dans le *Traité général des Chasses*, on a fait connaître les diverses espèces qui composent la nombreuse famille des canards. Ce sont :

Le *canard sauvage*, *anas boschas ;* le *canard pilet*, *anas acuta ;* le *canard siffleur* ou *vingeon*, *anas penelope ;* le *canard ridenne*, *anas strepera ;* le *canard souchet*, *anas clypeata ;* le *canard milouin*, *anas ferina ;* le *canard morillon*, *anas fuligula*, représenté fig. 1ʳᵉ, pl. LVIII ; le *canard garrot*, *anas clangula ;* le *canard macreuse*, *anas nigra ;* la *double macreuse*, *anas fusca ;* et le *tadorne*, *anas tadorna*.

On trouve des canards partout ; ils abondent, surtout pendant l'hiver, sur les eaux des étangs et des fleuves, et sur les bords de la mer. C'est, pendant cette saison, le gibier le plus recherché.

Nous renvoyons à l'ouvrage cité plus haut pour la chasse de ces oiseaux au fusil. Nous n'avons à nous occuper ici que des moyens de les prendre par les piéges.

Manière de prendre les canards aux piéges.

Avec les filets. — Sur les bords de la mer où abondent les canards, on tend, à l'aide de longues perches, plantées

à environ cent pas du bord, des filets contre maillés semblables à la pantière ; ces filets sont soutenus verticalement
et arrêtent les espèces de canards qui quittent la mer le
soir pour aller passer la nuit sur les mares ou étangs des environs, et qui y retournent au crépuscule du jour.

Pour les espèces qui ne quittent pas la mer, on tend
d'autres filets moins élevés, mais également contre-maillés,
et dont le bas est maintenu dans l'eau au moyen de balles
de plomb. Ces filets, qui sont couverts à marée haute,
se découvrent un peu lorsqu'elle descend, et arrêtent
les canards qui y donnent. Ils doivent barrer une grande
étendue et être soutenus par de fortes perches solidement
plantées.

On prend encore les canards avec des nappes, telles que
celles que nous avons décrites, tome Ier, page 38. On
choisit, pour les tendre, un endroit à peu près uni où l'eau
n'ait que douze à quinze pouces au plus de profondeur. Les
grèves bien unies, les bords des étangs, les prairies inon-
dées sont des lieux favorables. Les nappes sont montées sur
des guèdes en fer, pour qu'étant plus pesantes, elles empêchent les canards d'échapper. Si on emploie des guèdes
en bois, il convient de les garnir de balles de plomb pour
faire le même effet. Il est bon d'en garnir également la
lisière des nappes qui se trouve aux pivots. Du reste, on
dispose ces filets comme nous l'avons indiqué pour les
alouettes, en observant que les piquets que l'on emploie
pour les tendre doivent être plus forts et d'une longueur
proportionnée à l'épaisseur de l'eau et à la nature du sol
dans lequel on les enfonce. Il faut que les nappes tendues
soient cachées sous l'eau.

Dans l'intervalle que doivent recouvrir les nappes, on
place quelques canes vivantes, attachées à un piquet caché
sous l'eau, au moyen d'un corset et d'une ficelle assez

longue néanmoins pour leur donner la facilité de nager et de plonger; on a soin de jeter autour d'elles quelques poignées de grains et de débris de végétaux pour les amuser. Des canes domestiques peuvent être employées à cet usage; cependant il serait préférable de se servir de canes sauvages, ou au moins provenues des œufs de cette espèce que l'on aurait fait couver par une cane domestique.

Le chasseur, retiré dans sa loge où vient aboutir la corde de tirage des filets, tient enfermés avec lui les mâles des femelles qui lui servent d'appelans, et qu'il a eu soin d'accoupler dès le mois d'octobre. Lorsqu'il entend une bande de canards voyageurs, il donne la volée à un de ceux qu'il a près de lui. Celui-ci va se mêler à la troupe de canards sauvages; et, invité par l'appel de sa femelle, qui nage entre les filets, et qui ne manque pas de se faire entendre lorsque la troupe passe au-dessus d'elle, il s'abat et entraîne avec lui tous les autres qui le suivent. Au moment où ces oiseaux vont se poser sur l'eau, il faut faire jouer les filets. Le chasseur s'empresse d'aller s'emparer des prisonniers qu'il tue ou met à l'écart, pour que leurs cris n'éloignent pas les autres bandes qui viendraient à passer dans les environs.

Quelquefois le premier mâle lâché n'amène pas la bande, soit qu'il n'entende pas l'appel de sa femelle, ou par toute autre cause; dans ce cas, il en faut envoyer un second, et souvent un troisième. Pour ne pas confondre avec les prisonniers les mâles qui ont servi à les faire prendre, on a le soin de leur attacher à la patte un morceau de drap rouge ou de toute autre couleur pour pouvoir les reconnaître.

Cette chasse, qui réussit contre toutes les espèces de canards, se pratique à l'époque de leur passage. Les vents de nord et nord-ouest sont les plus favorables, parce que ce sont ceux que ces oiseaux choisissent pour voyager. Le matin et le soir sont les heures préférables, et un temps sombre et nébuleux rend encore le succès plus certain.

On prend aussi beaucoup de canards avec des halliers que l'on tend dans les étangs peu profonds et dans les marais que fréquentent les canards. Ces halliers sont disposés à quatre ou cinq cents pas les uns des autres. On pratique particulièrement cette chasse en été, à l'époque de la mue des canards, qui tombe en juillet et en août, temps où ils volent difficilement. Lorsque les halliers sont disposés, plusieurs personnes en bateau, et armées de longs bâtons, parcourent l'étang en frappant sur toutes les touffes de roseaux ou d'herbes aquatiques, pour faire fuir les canards qu'elles poussent devant elles vers les halliers, tandis que d'autres chasseurs à pied battent tous les roseaux qui se trouvent sur les bords, et concourent ainsi au succès de cette chasse où l'on prend beaucoup de jeunes. On prend par le même moyen beaucoup d'autres oiseaux de marais.

Nous trouvons dans le *Supplément au Cours d'agriculture* de Rozier, article *Canard*, page 309, tome II, la description suivante d'une canardière établie sur l'étang d'Armainvillers que nous croyons devoir transcrire ici, pour faire connaître à nos lecteurs le parti qu'il serait possible de tirer, pour la chasse aux canards, d'une localité à peu près semblable.

« L'étang dont il est question est bordé, à l'un de ses côtés, par un petit bois, au centre duquel l'eau s'enfonce et forme une anse, et comme un petit port ombragé, calme et frais. De divers points de cette anse on a conduit, en ligne courbe, jusqu'à assez avant dans le bois, des canaux nommés *cornes*, qui, assez larges et profonds à leur embouchure, vont toujours en diminuant de largeur et de profondeur, et finissent par manquer d'eau, en se terminant à angle aigu ou en pointe. Chaque canal est recouvert, vers la moitié de sa longueur, de filets tendus en berceau, et qui vont aussi en s'abaissant jusqu'à la pointe ou extrémité de la corne, de manière à former une nasse profonde qui se ferme en poche. Au centre du bocage et des canaux est une petite habitation pour un garde appelé le *canardier*. Cet homme répand trois fois par jour, et à des heures fixes, le grain dont il nourrit une centaine de canards demi-privés, demi-sauvages, qui ne quittent jamais l'étang, et qui, au coup de sifflet du canardier, viennent s'abattre, à grand vol, sur l'anse et dans les canaux où ils trouvent leur nourriture. Ces mêmes hôtes, ainsi familiarisés, servent aussi à attirer sur l'étang des bandes énormes de canards sauvages, de *garots*, de *rougets*, et autres oiseaux voyageurs, qui, chaque année, ne manquent pas de s'y rendre dès le milieu d'octobre. Les sédentaires, que le canardier appelle *traîtres*, d'après le manége auquel ils sont exercés, en jouant avec les passagers, les attirent vers l'embouchure des cornes, et les amènent à s'enfoncer dans le bocage. Alors le garde, caché derrière des claies de roseaux, qui suivent les contours des canaux, jettent çà et là du grain, en avançant toujours vers le fond. Quand il voit sa proie suffisamment engagée sous les berceaux de filets, il passe par l'intervalle des claies, disposées à cet effet, s'empare des embouchures des nasses, et force les arrivans, en les effrayant, à se précipiter dans le cul-de-sac, où il n'est pas rare d'en prendre jusqu'à soixante à la fois.

« C'est encore à cette occasion que l'on a remarqué que les canards privés ont l'instinct de ne point se fourrer dans cette embuscade, ou du moins ils ne s'y prennent que très-rarement, et retournent d'habitude sur l'étang chercher des camarades aux prisonniers qu'ils ont laissés dans les filets. »

En Hollande, en Angleterre et en Écosse il existe des

canardières, montées plus en grand encore que celle que nous venons de décrire ; mais ce sont des établissemens très-coûteux, et qui ne donnent pas en proportion de résultats plus grands.

Avec la glu. — Dans les étangs fréquentés par les canards sauvages, on tend, dans les endroits étroits, une corde enduite de glu, et d'une longueur proportionnée à l'espace que l'on veut barrer. Cette corde doit être tendue fort roide à fleur d'eau, au moyen de deux piquets enfoncés dans le marais, et dont la tête est presque au niveau de l'eau. On a soin de faire passer la corde sur les plantes aquatiques qui montent à la surface de l'étang, ou de la soutenir, de distance en distance, par quelques petites bottes de joncs pour l'empêcher d'être mouillée. On jette, le long de la corde, quelques graminées dont les canards sont friands, et il n'est pas rare d'en voir se prendre par les plumes et par les ailes ; les efforts qu'ils font pour se débarrasser les attachent encore plus, et ils finissent par se noyer en se débattant.

La mixture dont on enduit la corde se compose, par livre de glu, de deux poignées de pailles brûlées, et plein un dé d'huile de noix, le tout bien mélangé. On a soin de couvrir la corde d'une couche suffisamment épaisse. On peut tendre plusieurs de ces cordes à la fois.

Aux hameçons. — On se procure un certain nombre de piquets de différente longueur pour pouvoir les disposer suivant la localité. A chacun de ces piquets on attache une ficelle sur laquelle est empilé un hameçon à brochet, n° 1. La ficelle a assez de longueur pour que l'hameçon puisse venir à fleur d'eau où on le soutient à l'aide d'une petite table de liége. On en laisse quelques-uns traîner au fond, pour varier le piége et ne pas lui donner trop d'uniformité. On amorce ces hameçons avec des petits morceaux de chair crue, des vers, des petits poissons, ou des morceaux de fruits presque pourris, particulièrement des pommes. On peut, quelques jours à l'avance, jeter quelques appâts dans l'endroit où l'on veut tendre ces hameçons pour y attirer les canards; ce soin rend la réussite plus certaine.

On peut encore tendre une corde solidement attachée, et y attacher de distance en distance des ficelles garnies d'hameçons.

On attache aussi quelques hameçons, amorcés avec du mou de bœuf, autour d'un cerceau que l'on jette le soir dans un étang, à quinze ou vingt pieds du bord. Les canards, en s'approchant de la terre la nuit pour aller chercher leur nourriture, aperçoivent les morceaux de mou qui surnagent; et se prennent aux hameçons en les avalant. On a soin de fixer le cerceau à un piquet planté à terre, au moyen d'une longue corde qui sert à le retirer à volonté.

Lorsque, sur un étang, on fait la chasse à une couvée d'halbrans, et que l'on est parvenu à tuer la mère, on peut, pour s'emparer des jeunes sans tirer un coup de fusil, employer des hameçons à brochet, n° 2, amorcés avec du mou de veau ou des vers de terre, et placer aux environs une cane domestique, retenue par la patte à un piquet. Cette femelle, en canetant, attire à elle tous les halbrans, qui ne tardent pas à être pris en cherchant à avaler les amorces.

L'hameçon à ressort que nous avons décrit, page 96 du tome 1ᵉʳ, s'emploie également avec avantage contre les canards. C'est dans les endroits fangeux qu'il convient d'en tendre plusieurs, que l'on suspend à des piquets dont la force et la longueur dépendent du sol dans lequel on les plante. Toutes les amorces que nous avons indiquées plus haut sont excellentes pour ce genre d'hameçon. Il est nécessaire d'assujettir ce piége d'une manière solide, et de visiter souvent l'endroit où l'on en a tendu.

Aux collets. — Nous avons, à l'article *Collets*, tome Ier, pages 52 et suivantes, décrit d'une manière détaillée la manière de faire les collets à canards; nous y renvoyons le lecteur.

On a soin de proportionner la longueur du piquet auquel on attache le collet, à la profondeur de l'eau, à la dureté du fond, ou à l'épaisseur de la vase qui le recouvre. On l'enfonce assez solidement pour qu'un canard pris ne puisse l'entraîner en se débattant, et on a soin de cacher sa tête sous l'eau; ou au moins de la couvrir d'herbes aquatiques. Le collet surnage à plat sur l'eau; on jette à l'entour quelques appâts, notamment du blé cuit, pour que les canards plongent et se prennent au piége; on en dispose aussi quelques-uns entre deux eaux. Quand il y a trop de profondeur, il est utile de placer une grosse pierre sous le collet pour y placer le blé cuit, afin que les canards puissent l'apercevoir plus facilement.

On emploie, suivant les occasions, les collets à piquet simple, double ou quadruple, et en telle quantité que le permettent la localité et la quantité des canards que l'on sait fréquenter le lieu où on les dispose.

On fait encore une autre chasse avec les collets, dite à la *glanée*; ce piége a été décrit page 54, tome Ier. On place la tuile qui porte les fils de fer où sont attachés les collets, sur le bord de l'étang où on veut en faire usage. On a eu soin de couvrir de blé cuit la terre glaisé dont elle est garnie. Les canards, en plongeant pour aller le chercher, restent souvent pris à l'un des quatre collets qui surnage en dessus. Au moyen de la corde passée dans l'anneau des fils de fer, on assujettit la tuile de manière à ce que les canards, en se débattant, ne puissent l'entraîner au loin. Cet appareil, plus long à préparer que les précédens, n'offre pas une chance beaucoup plus favorable.

Au collet à ressort. — La description de ce piége a été donnée dans le premier volume, page 68.

Il suffit de le voir pour en concevoir le mécanisme ; on l'emploie avec avantage contre les canards sauvages dans les endroits marécageux où on sait qu'ils donnent pendant la nuit. On en tend plusieurs de distance en distance, et de façon que la marchette seule paraisse, et que rien ne l'empêche de faire son effet. On sème tout autour du blé cuit, afin d'attirer les canards, qui, en le cherchant, ne manquent pas de marcher dessus et de se prendre dans le collet. On a eu soin d'assujettir solidement le piége, ainsi que nous l'avons indiqué, en le décrivant.

A la pince d'Elvaski. — Ce piége est un de ceux que l'on emploie le plus utilement contre les canards. Nous l'avons décrit tome Ier, page 94.

On le place dans les mêmes lieux que le collet à ressort, et on veille également à ce que rien ne puisse porter obstacle au mouvement des pinces. On amorce aussi avec du blé cuit ; et, en multipliant ce piége, on peut faire une chasse très-lucrative.

Des sarcelles.

Les espèces de sarcelles, que l'on voit en France, ont anssi été décrites dans le *Traité général des Chasses.* Elles sont au nombre de trois ; savoir : La *sarcelle commune, anas querquedula,* représentée fig. 2, pl. LVII, page 146 ; la *petite sarcelle, anas crecca ;* et la *sarcelle d'été, anas circia.*

Ces oiseaux, ayant les mêmes habitudes que les canards, sont pris par les-mêmes moyens.

Des plongeons.

On a signalé, dans le *Traité général des Chasses*, le *plongeon cat-marin, colymbus septentrionalis*, comme la seule espèce que l'on voit communément en France, et principalement sur les côtes de la Picardie. Il est représenté fig. 2, pl. LVIII, page 147.

Cet oiseau se chasse aux piéges, de la même manière que les canards.

De l'oie sauvage.

L'*oie sauvage* ou *cendrée, anser cinereus,* a été décrite dans le *Traité général des Chasses*, auquel nous renvoyons.

Cette espèce, qui a presque les mêmes habitudes que les canards, se prend dans les mêmes piéges. On lui fait néanmoins une chasse particulière que nous allons indiquer.

Pendant les gelées, on tend un filet semblable aux nappes à alouettes, excepté qu'on lui donne des dimensions plus grandes, et qu'on y emploie un fil très-fort. Lorsqu'il est tendu, on le couvre de poussière, et on place dans l'intervalle des nappes quelques oies domestiques pour servir d'appelans. On fait toutes ces dispositions le soir, et l'on amène la corde de tirage jusqu'à une fosse creusée au moins à cinquante pas du filet. Avant le jour, on va s'établir dans la fosse, et on ne doit plus s'approcher des filets, parce que si les oies voyaient le givre enlevé, elles se garderaient d'y donner. Les oies, attirées par les appelans, font quelques circuits et s'abattent enfin auprès d'eux; c'est alors qu'il faut s'empresser de tirer la corde pour faire jouer le filet qui enveloppe la plus grande partie de la bande.

Du cygne sauvage.

Cet oiseau, qui ne paraît chez nous que dans les hivers très-rigoureux, a été signalé dans le *Traité général des Chasses*.

La chasse au fusil étant la seule qu'on lui fasse en France, nous renvoyons à cet ouvrage pour les détails qui la concernent.

Des grèbes.

Des nombreuses espèces de ces oiseaux, reconnues par les naturalistes, le *grèbe commun* ou *cornu*, *colymbus urinator*, est celle que l'on rencontre le plus communément. Il se nourrit de petits poissons et de végétaux, et fréquente également les eaux douces et salées. On le voit assez ordinairement sur les grands étangs de la Lorraine et de la Bourgogne, quoiqu'il soit plus commun sur ceux de la Suisse, où il niche. Sa longueur est d'un pied et demi.

L'eau est l'élément de cet oiseau; il nage avec une étonnante rapidité, et plonge à une grande profondeur.

On le chasse au fusil. On peut en prendre également dans des halliers tendus dans l'eau des étangs qu'il fréquente.

Des harles.

On rencontre en France diverses espèces de harles. Ce sont :

Le *harle proprement dit*, *mergus merganser*, que l'on n'y voit que rarement et par les hivers les plus froids. Sa chair est mauvaise, et sa longueur est de deux pieds deux pouces.

Le *harle huppé*, *mergus serrator*, encore plus rare que le précédent.

Et le *harle piette*, *mergus minatus*, qui se montre en assez grand nombre sur les rives de l'Are et de la Somme, en Picardie. Il est de passage ; sa longueur est de seize pouces.

Les harles sont de grands destructeurs de poissons ; ils sont d'une telle voracité qu'ils avalent quelquefois des poissons trop gros pour entrer tout entiers dans leur estomac. Ils nagent ayant tout le corps submergé et la tête seulement hors de l'eau ; ils plongent à une grande profondeur et peuvent rester long-temps sous l'eau.

Ils sont voyageurs et se montrent sur nos côtes au commencement de l'hiver, venant du nord, et, à la fin de cette saison, y retournant.

On les chasse au fusil ; on peut les prendre comme les grèbes, avec des halliers tendus entre deux eaux ; on peut encore disposer contre eux des hameçons amorcés avec de petits poissons, et que l'on place de distance en distance dans les eaux qu'ils fréquentent, en ayant soin de faire des remarques aux endroits où on les tend.

Des goëlands et mouettes.

Les goëlands que l'on voit sur les côtes de France sont :

Le *goëland à manteau noir*, *larus marinus*, qui habite les mers, et paraît sur nos côtes septentrionales ; il a de deux pieds à deux pieds et demi de longueur. Il fait entendre un cri enroué qui semble exprimer *qua, qua, qua.*

Et le *goëland à manteau bleu*, *larus glaucus*, un peu moins gros que le précédent. On le voit, à l'automne et pendant une partie de l'hiver, sur nos côtes septentrionales.

On y rencontre également les mouettes suivantes.

La *mouette aux pieds bleus*, *larus canus*, connue sur les

côtes de la Picardie sous le nom de *grand Emiaule*. Sa longueur est de seize à dix-sept pouces.

La *mouette rieuse*, *larus ridibundus*, dont le cri semble exprimer un éclat de rire, et qui s'établit quelquefois sur les rivières et les lacs de l'intérieur. Sa longueur est de quinze pouces.

Et la *mouette tridactyle*, *larus tridactylus*, d'une longueur de quatorze pouces, qui paraît sur les côtes de Bretagne où elle niche.

Les goëlands et les mouettes se tiennnent particulièrement sur les rivages de la mer où on les voit en grand nombre, surtout dans les lieux abondant en poissons, dont ils font leur principale nourriture. Quelques espèces néanmoins se montrent aussi sur les eaux douces. Cependant tout leur convient : poissons frais et gâtés, chair corrompue ou sanglante; et, sous ce rapport, ils sont utiles, en ce qu'ils débarrassent les rivages de la mer de toutes les espèces de cadavres. On dit leurs œufs bons à manger ; mais leur chair est répugnante, parce qu'elle exhale un goût de poisson pourri et d'huile rance.

On les chasse avec le fusil, et l'on en prend aisément avec des hameçons amorcés avec des poissons.

Des hirondelles de mer.

Les espèces qui se trouvent en France sont :

L'*hirondelle de mer noire*, *sterna nigra*, que l'on connaît aussi sous le nom d'*épouvantail*. Elle se nourrit plutôt d'insectes que de poissons ; elle se montre assez communément aux époques des passages sur la Seine et la Loire, et surtout sur les côtes de la Picardie ; c'est la même que la *guifette*.

L'*hirondelle de mer pierre garin*, *sterna hirundo*, que l'on voit sur nos côtes maritimes et sur les lacs et étangs de l'intérieur. Elle arrive en France au printemps, et part vers la mi-août.

La *petite hirondelle de mer, sterna minuta*, a huit pouces trois quarts de longueur. Elle fréquente nos côtes et se montre aussi sur les lacs et rivières.

Le nom d'*hirondelle*, imposé à ces espèces d'oiseaux, indique quelque similitude dans les habitudes. En effet, comme les hirondelles de terre, celles de mer volent sans cesse et sillonnent l'air de mille manières; ensuite, rasant la surface de l'eau, elles saisissent leur proie au vol. Elles arrivent sur nos côtes au printemps, et c'est au mois de mai qu'on les y voit en plus grand nombre; elles vivent de petits poissons qu'elles pêchent en volant ou en se laissant tomber sur l'eau où elles se posent un instant, car elles n'aiment pas à nager. Elles se nourrissent aussi des insectes ailés qu'elles attrapent en volant. Elles font leur nid à terre sans préparation.

On les chasse au fusil; mais il faut une certaine adresse pour les atteindre, tant leur vol est rapide et sinueux.

On en prend assez souvent dans les filets contre-maillés que l'on tend sur les bords de la mer pour prendre les canards à leur passage du soir et du matin. *Voyez* l'article de ces oiseaux.

On prend également la petite hirondelle de mer au moyen d'une croix de bois que l'on place sur l'eau et qui est attachée à une longue ficelle. Au milieu de cette croix est lié un poisson, et aux quatre coins sont plantés des gluaux bien englués. L'oiseau, en apercevant le poisson, fond dessus et se prend dans les gluaux.

CHAPITRE VI.

DES LIÈVRES ET LAPINS.

Dans le *Traité général des Chasses* on a fait connaître l'histoire naturelle, les mœurs et les habitudes de ces deux quadrupèdes, ainsi que la manière de les chasser au fusil. Notre tâche est d'indiquer les moyens que l'on a imaginés pour les prendre avec les piéges.

Ces moyens sont nombreux relativement au lapin; mais, quant au lièvre, deux seulement sont employés, et encore rarement; il semble que cet animal soit destiné à périr par les armes, car la chasse au fusil est presque la seule que l'on lui fasse.

Manière de prendre les lièvres et lapins avec le panneau. — Nous avons décrit, tome Ier, page 34, la composition de ce filet, suivant qu'on le destine à être employé contre l'un ou l'autre de ces animaux. Nous y renvoyons nos lecteurs.

L'on peut employer ce piége toute l'année contre les lapins; cependant l'automne et l'hiver sont les saisons les plus convenables, parce qu'on les trouve alors plus souvent hors de leurs terriers. Pour obtenir plus de succès à cette chasse, il est nécessaire de s'adjoindre plusieurs personnes.

Lorsque l'on connaît un bois peuplé de lapins, on s'y rend en emportant le nombre de pièces de panneaux présumées nécessaires, et une quantité suffisante de baguettes de neuf à dix lignes de diamètre, longues de trois pieds et demi, et ayant un de leurs bouts taillé en pointe. Arrivé sur le terrain, on déploie les panneaux dans la direction qu'on veut leur donner, et on fixe à deux arbres ou à des pieux plantés exprès les extrémités des maîtres qui bordent le bas et le haut du panneau, et qui le dépassent à chaque bout. On a soin de ne pas tendre trop raide et d'attacher le maître inférieur à rez terre. Cela fait, on plante, le long du panneau, et à quinze ou dix-huit pieds de distance, les baguettes dont nous avons parlé plus haut ; et on relève dessus le maître supérieur du panneau, qui doit y poser assez légèrement pour tomber au moindre choc. Tantôt on dispose les panneaux sur une ligne droite, tantôt on leur fait former un demi-cercle, d'autres fois enfin on les replie en ailes comme les côtés d'un carré. La manière de les tendre dépend des accidens du terrain ; tout ce qu'il importe d'observer, c'est que les baguettes soient plantées et inclinées du côté par lequel doivent venir les lapins, et que ces animaux aient le vent dans le nez en courant dessus.

Quand les panneaux sont tendus, quelques chasseurs se tapissent derrière, à une certaine distance les uns des autres, et se tiennent immobiles. Les autres se partagent en deux bandes qui, placées chacune à une des ailes de la ligne des panneaux, marchent en avant en décrivant un cercle, et vont se réunir à une certaine distance. Alors, faisant demi-tour, ils reviennent vers les filets en battant soigneusement le terrain et frappant sur les buissons. Lorsqu'un lapin donne dans le piége, le chasseur, tapi derrière, et qui se trouve le plus à portée, se hâte de s'en emparer, afin qu'en se débattant il ne rompe pas le filet ou ne le déchire pas avec ses dents, et ensuite pour retendre ce dernier. Lorsque le gibier est abondant, il vaut mieux assommer les lapins dans le panneau que de les en débarrasser ; on se sert pour cela d'un bâton à crosse. C'est surtout quand les traqueurs approchent qu'il faut être prompt à assommer le gibier, et à retendre, car c'est le moment où les lapins donnent en foule dans le piége.

L'heure la plus favorable pour cette chasse est le matin avant le lever du soleil. Cependant, si le temps est sombre et s'il fait du brouillard, on peut panneauter plus avant dans la matinée. Il ne faut point de chiens à cette chasse.

Lorsqu'on veut tendre les panneaux dans l'été, il faut les placer autour de l'endroit où se trouvent les terriers, et boucher pendant la nuit toutes les gueules que l'on n'a pas pu enclorre. On bat ensuite le terrain aux environs en prenant le plus grand tour possible, et on pousse les lapins vers les panneaux. Ces animaux, en cherchant à regagner leur terrier, se précipitent en foule dans les filets. On peut, à cette chasse, se servir de quelques bassets bien dressés.

Pour prendre les lièvres au panneau, il faut toujours le tendre sur la lisière du bois, soit le soir, soit le matin, afin d'arrêter ces animaux à leur passage du bois à la plaine, ou de la plaine au bois. Le soir, le panneau doit être tendu pour le coucher du soleil, et les baguettes qui le soutiennent doivent être placées et inclinées du côté du bois, parce que c'est de là que viennent les lièvres pour aller aux champs ; le matin, il doit être tendu avant le jour et tourné vers la plaine pour arrêter les lièvres à leur rentrée au bois. Du reste, cette chasse se fait comme celle pour le lapin, excepté qu'il faut nécessairement assommer les lièvres, autrement on courrait risque d'en être mordu vigoureusement, et que les assommeurs doivent se tenir sur les côtés du panneau et non derrière, pour que le gibier ne les évente pas. Il faut être encore plus prompt à assommer les lièvres que les lapins, parce qu'étant plus vigoureux, ils parviennent plus vite à se débarrasser.

A l'époque où les blés sont grands, les lièvres s'y tiennent pendant le jour et vont faire leur nuit dans les avoines, les orges et les pois; on peut alors tendre des panneaux, le soir, au soleil couchant, le long des champs ainsi couverts, pour prendre les lièvres lorsqu'ils s'y rendent, et le matin lorsqu'ils en sortent. Au surplus, il est bien, pour ces animaux, de reconnaître les lieux qu'ils fréquentent pour se diriger d'après les remarques que l'on aura faites.

On se sert encore de panneaux plus petits et qui n'exigent le service que d'un homme ou deux. On peut les employer également contre les lièvres et les lapins; pour les premiers, on les tend le long des bois aux endroits où aboutissent plusieurs sentiers, et dans tous les lieux où on a remarqué leur passage; pour les seconds, on les tend dans les bois en travers des sentiers, auprès des terriers dont on a eu soin de boucher les gueules pendant la nuit. On peut tendre ces petits panneaux de la même manière que les grands; cependant, comme le maître supérieur doit être posé encore plus légèrement sur les petites baguettes destinées à le soutenir, il arrive que, par un vent fort, le panneau se détend de lui-même. On peut, dans ce cas, se servir d'un panneau contre-maillé dans lequel le gibier s'embarrasse très-bien, et que l'on peut tendre, quand même il fait du vent, parce qu'il n'est pas nécessaire qu'il tombe aussi facilement. Il y a néanmoins un moyen de tendre un panneau simple que le vent ne dérange pas. Pour cela, on attache, à environ deux pieds de terre et à des arbres ou des pieux plantés exprès, les deux bouts des maîtres supérieur et inférieur, auxquels on laisse une longueur de dix à douze pieds de plus que celle du panneau. Ses mailles doivent couler sur les maîtres comme des anneaux de rideaux sur une tringle. Lorsque les maîtres sont fixés, on étend dessus les deux lisières du filet, on place ensuite à chaque extrémité du panneau un bâton d'une longueur égale à sa largeur. Chacun de ces bâtons a ses deux bouts qui portent sur les deux maîtres et maintiennent le filet ouvert dans toute sa largeur. On conçoit que, pour disposer ainsi le panneau, il ne faut pas que les deux maîtres soient trop tendus, parce que non-seulement on les séparerait difficilement, mais, supposant qu'on y parvienne, ils serreraient les bâtons trop fortement et les empêcheraient de se dégager au moindre choc.

De quelque manière que l'on ait disposé son panneau, il faut, après qu'il est tendu, se retirer à l'écart et se cacher dans un endroit d'où l'on puisse voir ce qui se passe. Lorsque le gibier suit le chemin sur lequel on a tendu, il faut attendre qu'il ait dépassé de quelques pas le lieu où l'on s'est tapi ; sortant alors de sa retraite, on vient par derrière, et on le décide à se précipiter dans le panneau en l'effrayant, soit en frappant des mains, soit en lui jetant quelques mottes de terre.

Avec les collets. — Pour prendre les lièvres aux collets, il faut se servir de ceux faits en fil de laiton. *Voyez* l'article *Collets*, tome Ier, page 51. Lorsqu'en visitant les haies et les buissons voisins de champs ensemencés, on s'aperçoit qu'il existe des passées, on cherche à reconnaître si c'est le chemin d'un lièvre, et pour cela on examine le terrain s'il a conservé la voie, ou les branches qui entourent la passée, et qui, quelquefois, ont encore du poil. Si quelque indice porte à croire qu'on ait effectivement trouvé la passée d'un lièvre, il faut y tendre un collet. La disposition du terrain et celle de la passée décident la meilleure manière de placer ce piége. Il faut, autant que possible, profiter, pour le fixer, d'une des branches qui se trouvent auprès de la passée, ce qui est toujours préférable à planter un piquet; car le lièvre est si méfiant que, lorsqu'il voit sur sa route quelque chose d'extraordinaire, il aime mieux rebrousser chemin que de passer outre. Il faut avoir attention que le collet enveloppe bien la passée; et, pour déguiser l'odeur de l'homme, on doit encore avoir soin de se frotter les mains avec des herbes aromatiques; on frotte de même le collet, autrement on courrait risque de perdre son temps. Comme il n'est pas rare de voir des lièvres assez rusés pour gratter dans la passée avant de s'y engager, pour peu qu'ils soupçonnent quelque chose d'extraordinaire, il est utile de disposer à plat sur la terre un second collet au-dessous du premier; de cette façon, si l'animal, parvient à détourner celui qui est pendu, il se prendra infailliblement par les pieds.

On prend le lapin au collet comme le lièvre, mais avec la différence néanmoins qu'on place presque toujours le piége à l'embouchure d'un terrier. On doit en mettre à toutes les gueules et les cacher autant que possible, soit avec quelques feuilles sèches, soit avec les herbes qui croissent sur le terrier. On les fixe au moyen d'un petit piquet de bois que l'on enfonce en terre; les collets que l'on emploie doivent être également en fil de laiton. Il est utile d'en placer à toutes les passées qui avoisinent les terriers.

On tend encore avec fruit des collets à toutes les trouées des haies qui entourent les jardins potagers, parce que les lapins s'y introduisent ordinairement pendant la nuit pour en manger les légumes.

On peut employer également contre les lièvres et les lapins un collet semblable à celui que nous avons décrit, tome Ier, page 58, sous le nom de *rejet corde à pied*, en supprimant la marchette. Dans ce cas, on peut se servir d'un collet de crin, parce que le rejet, enlevant le collet, étrangle l'animal qui ne peut pas couper le piége avec ses dents.

Dans les cantons où les lièvres sont rares, on peut se servir d'un chien couchant pour trouver les passées de ces animaux. Pour cela, il est bien de le tenir en laisse et de se promener avec lui le soir, après le soleil couché, ou le matin, avant son lever. On fait des remarques à tous les endroits qu'il indique, et on vient examiner ensuite si les autres indices peuvent faire conjecturer que ce soit réellement la passée d'un lièvre.

Ici se termine tout ce que nous avons à dire des piéges employés contre les lièvres ; ce qui va suivre ne concernera que les lapins seulement.

Manière de prendre les lapins avec des poches. — Nous avons décrit cette espèce de filet dans le tome Ier, page 47. Quand on veut s'en servir pour prendre les lapins, on en place une à chaque gueule de terrier, et l'on profite pour cela du moment où les lapins sont dehors, c'est-à-dire qu'on doit le faire la nuit. On se tapit aux environs des terriers, et l'on attend que les lapins viennent se prendre au piége, en voulant y rentrer. Si on l'aime mieux, et ce qui est plus prompt, on fait, à l'aube du jour, battre les environs par des traqueurs, ce qui force les lapins à revenir plus vite. On peut encore employer à cette chasse des bassets pour rabattre les lapins près des terriers.

Avec le furet. — Quand on veut rendre la chasse des lapins avec les poches plus productive, on se sert d'un furet.

Ce petit animal, qui est du genre des martres, ne paraît pas originaire de France ; ceux que l'on y conserve se reproduisent en captivité. On les tient dans une grande cage de fil de fer ou d'osier, dans laquelle on leur fait un lit de paille. Leur poil est toujours gras, et leur corps répand une odeur infecte, qui s'attache aux mains et se fait sentir long-temps après qu'on les a maniés. On les nourrit ordinairement de lait dans lequel on a émietté un peu de pain; ils sont très-friands de sang, et il faut leur en donner quelquefois pur ou mêlé avec du lait. Ils sont frilleux et passent à dormir presque tout le temps qu'ils ne mangent pas.

On transporte les furets dans un sac de peau ou de toile, et on a l'attention de bien leur donner à manger avant de partir, pour qu'ils ne s'acharnent pas sur le premier lapin qu'ils rencontrent, et qu'après avoir sucé son sang, ils ne s'endorment pas dans le terrier.

Il est encore utile de se munir d'une paire de pistolets et de quelques charges de poudre; nous indiquerons plus loin l'usage qu'on en doit faire.

On peut chasser avec le furet depuis environ trois ou quatre heures après le lever du soleil jusqu'à trois ou quatre heures avant son coucher; il est rare qu'alors les lapins ne soient pas dans leur terrier.

On se rend avec une société, aussi nombreuse que l'on veut, dans un endroit où l'on sait qu'il existe des terriers de lapins. On ferme avec les poches toutes les bouches que l'on peut reconnaître, et l'on y fait descendre le furet. Si l'on savait, ou si l'on soupçonnait qu'il y eût dans le terrier une lapine et des petits, il ne faudrait pas y fureter; d'abord pour ne pas détruire à la fois et inutilement huit ou dix jeunes, et ensuite parce que le furet, trouvant une proie facile et abondante, pourrait bien s'endormir après son carnage et ne pas revenir de long-temps. A peine le furet a-t-il fait quelques pas dans le terrier, que le lapin, qui l'entend, lève le pied, veut sortir, et donne dans la poche où il s'embarrasse. On s'empresse de le dépêtrer; le furet remonte, et on va tenter fortune ailleurs. Il est bien essentiel de s'assurer que tous les trous soient fermés par une poche, parce que, soit hasard, soit instinct de l'animal, s'il en est un qui ne le soit pas, c'est par celui-là qu'il sortira. On doit donc, avant de faire entrer le furet, examiner avec soin le terrain, et regarder si le terrier n'a pas d'issues entre les racines de quelques vieux arbres.

Il arrive quelquefois qu'après avoir attendu huit ou dix minutes, on ne voit sortir ni lapin ni furet. Il est supposable alors que le lapin endormi s'est laissé joindre par le furet qui le saigne. Il faut exciter la peur du premier, et l'engager à fuir, en frappant fort du plat de la main sur le terrier et aux embouchures, surtout à celle par laquelle le furet a pénétré. Si, après un pareil intervalle de temps, rien ne paraissait encore, c'est que le furet se serait endormi après s'être repu de sang; ce serait le moment de se servir des pistolets dont nous avons dit que l'on devait se munir. On en tire plusieurs coups dans les embouchures du terrier; le bruit et l'odeur de la poudre le réveillent enfin et le font sortir. Il faut avoir soin, lorsqu'on emploie ce moyen, de ne tirer qu'à poudre, parce qu'on pourrait tuer le furet. On atteint le même but en brûlant quelques chiffons à l'entrée du terrier, et sous le vent; la fumée le ramène ordinairement. Il y a des amateurs de cette chasse, qui, pour éviter que cet animal ne saigne le lapin qu'il rejoint, lui cassent les dents de devant, et lui coupent les ongles; d'autres se contentent de le museler, ce qui nous paraît aussi préférable.

Il est bon d'observer que l'on ne doit se servir du furet que pour prendre des lapins vraiment sauvages; car ce serait dépeupler une garenne que de l'employer dans les terriers qui s'y trouvent, parce que les lapins ne rentrent pas de long-temps dans ceux qu'a visités le furet.

Manière d'enfumer les lapins. — Dans le *Traité général*

des Chasses, on a indiqué la manière d'enfumer le renard; c'est à peu près le même moyen que l'on emploie contre les lapins. Il s'agit de fermer, avec des poches, toutes les bouches d'un terrier, à l'exception d'une seule. Cette opération terminée, on introduit, par la bouche restée vide, et que l'on choisit sous le vent, un morceau de drap soufré. On y met le feu; le vent fait pénétrer dans l'intérieur la fumée qui chasse le lapin.

On peut faire cette chasse aux mêmes heures que celle avec le furet.

Enfin on trouve, dans quelques auteurs qu'on emploie encore, une écrevisse pour remplacer le furet, et chasser le lapin hors de son terrier. On bouche également toutes les ouvertures avec des poches, et l'on introduit l'écrevisse. Ce moyen, que nous n'avons jamais essayé, doit, s'il est bon, exercer la patience de ceux qui l'emploient.

Nous avons épuisé dans cet ouvrage tous les moyens consacrés par l'expérience. Nous nous sommes efforcés de n'omettre aucune des chasses dont l'effet est sûr; mais nous avons élagué tous ces procédés hasardés, imaginés, sans doute, par des gens à qui ce genre de chasses était tout-à-fait étranger. Tout ce que nous avons indiqué est d'une exécution simple et facile. Heureux si notre travail peut procurer aux habitans des champs quelques heures de récréations agréables !

FIN DU SECOND ET DERNIER VOLUME.

TABLE GÉNÉRALE DES MATIERES.

TOME SECOND.

CHAPITRE II.

CHAPITRE III.

DES OISEAUX QUE L'ON TROUVE PARTICULIÈREMENT DANS LES BOIS.

CHAPITRE IV.

CHAPITRE VI.

DES LIÈVRES ET DES LAPINS.

FIN DE LA TABLE DU TOME SECOND.